HEYNE

DANIEL KRAUSE

Goodbye Arschgeweih

VON DER KUNST, BESCHISSENE TÄTOWIERUNGEN ZU VERMEIDEN

Text aufgezeichnet von Christian Lütjens

WILHELM HEYNE VERLAG
MÜNCHEN

Verlagsgruppe Random House FSC® N001967
Das für dieses Buch verwendete FSC®-zertifizierte Papier
Super Snowbright liefert Hellefoss AS, Hokksund, Norwegen.

Originalausgabe 12/2014

Copyright © 2014 by Wilhelm Heyne Verlag, München,
in der Verlagsgruppe Random House GmbH
Printed in Germany 2014
Umschlaggestaltung: Yellowfarm GmbH, S.Freischem
Umschlagmotiv: © Marc Röhlig
Fotos und Illustrationen im Innenteil: © Classic Tattoo / Daniel Krause
Satz: EDV-Fotosatz Huber/Verlagsservice G. Pfeifer, Germering
Druck und Bindung: GGP Media GmbH, Pößneck
ISBN 978-3-453-60326-4

www.heyne.de

*Eine einzigartige Kunst braucht einzigartige Menschen.
Im Klartext: Tattoos brauchen dich! Ob du sie auch brauchst,
verrät dieses Buch. Willkommen in Krauses Family!*

Inhalt

Vorwort

Ihr wollt wissen, warum es dieses Buch gibt? Dann erzähl ich euch mal eine Geschichte aus dem Arbeitsalltag eines Tätowierers. Aus meinem eigenen, wenn man's genau nimmt. Stellt euch vor: Ich stehe in meinem Laden, Classic Tattoo in Berlin, hinterm Tresen und gehe die Termine für die nächsten sechs Monate durch. Ja, so was geht in unserer Branche heutzutage. Die meisten etablierten Tätowierer sind bis zu einem halben Jahr im Voraus ausgebucht. Bei den ganz Großen muss man sogar noch länger warten. Aber das nur am Rande.

Im Hintergrund schnurren die Tattoo-Maschinen meiner Kollegen, draußen scheint die Sonne, und auf dem Sofa am Fenster wartet eine aufgebrezelte Rockabilly-Chica mit tätowiertem Dekolleté auf ihren Termin. Den hat sie nicht bei mir, aber ich muss trotzdem immer wieder zu ihr hingucken. Einerseits weil ich immer noch nicht darüber im Klaren bin, ob ich Tattoos auf den Titten nun eigentlich scheiße oder sexy finde, andererseits weil ich mich noch genau daran erinnere, wie sich diese Frau vor zwei Jahren zum ersten Mal nach einem Termin erkundigte. Damals war sie ein stinknormales Jeans-und-Turnschuh-Mädchen. Ihre schüchterne Frage: »Was kost'n ein Unterarm-Tattoo?«

So machen die Mädels das heute. Bei denen lautet die Devise: Bloß keine Zeit verlieren und direkt auf den Unterarm, bevor der

Trend wieder vorbei ist. Ich frage dann immer: »Ist Unterarm für den Anfang nicht ein bisschen doll?« Dann werden sie meist unsicher und lassen sich schnell überreden erst mal nur was auf der Schulter oder am Rücken zu machen. War bei der Chica auch so. Dafür war sie nach der ersten Sitzung so schnell wieder da, dass man kaum Luft holen konnte. Nach einer Blume auf der linken Schulter kam ein Tribal am rechten Oberschenkel, danach eine Ranke um den Bauchnabel, ein Skorpion auf der rechten Schulter, ein Schriftzug am Rücken und irgendwann die Blüten im Dekolleté. Sie ist Stammkundin geworden. Und heute ist nach zwei Jahren Vorwärmzeit doch noch der Unterarm dran. Man könnte ihr das inzwischen gar nicht mehr ausreden. Sie ist nämlich kein schüchternes Jeans-und-Turnschuh-Mädchen mehr, sondern eine sehr selbstbewusste Hotpants-Braut, eine Rockabilly-Chica halt. Immer wieder faszinierend, wie Tattoos zur Persönlichkeitsentwicklung beitragen können.

Aber weiter im Text: Während ich noch auf die Blüten im Dekolleté starre, stürmt ein junger Checker mit Basecap, T-Shirt und Baggypants in den Laden und fragt: »Hi, was kost'n bei euch ein Unterarm-Tattoo?«

Hatte ich vergessen zu erwähnen, dass auch die Jungs von heute es sehr eilig haben? Egal. Die Gegenfrage ist die gleiche: »Ist Unterarm für den Anfang nicht ein bisschen doll?«

»Was soll'n das heißen?«

»Das heißt, dass kein seriöser Tätowierer dir bei der ersten Sitzung ein Tattoo auf den Unterarm kratzt, das dir später vielleicht Probleme im Berufsleben macht.«

»Wer sagt denn, dass das mein erstes Tattoo ist?«

»Na, auf den Unterarmen hast du jedenfalls noch keins.«

»Sonst wäre ich ja auch nicht hier.«

»Okay, Punkt für dich«, lenke ich ein. »Was hast du denn schon für Tattoos?«

Er zieht er sein T-Shirt hoch und präsentiert stolz einen länglichen dunklen Klecks mit unscharfen Konturen auf der Leiste, den ich beim zweiten Hingucken als Auto identifiziere.

»Aha«, sage ich abwartend. »Und was noch?«

»Wie jetzt, was noch?«

»Komm, ein Auto auf dem Bauch qualifiziert echt noch nicht für einen Unterarm.«

»Was heißt'n hier ›Auto‹?«

»Um das Modell zu erkennen, ist das Ding ein bisschen unscharf gestochen, meinst du nicht?«

»Alter, das ist ein Krokodil, du Arsch.«

Ich bin einiges gewöhnt, aber in solchen Situationen stehe auch ich mit offenem Mund da und weiß nicht, was ich sagen soll. Muss ich in diesem Fall zum Glück auch nicht. Denn im gleichen Moment drängelt sich eine kunterbunt geschminkte Nachwuchs-Beyoncé Anfang 20 neben den Basecap-Typen und flötet: »Hallo, ich hätte gern ein Tattoo. Ist das heute noch möglich?«

»Nein, das ist heute nicht möglich.«

»Wieso'n nicht?«

»Weil man über ein Tattoo ein bisschen nachdenken sollte. Sonst passieren solche Unfälle wie bei dem Kollegen hier«, antworte ich und zeige auf den Checker, der noch immer wie paralysiert auf das Klecks-Tattoo auf seiner Leiste starrt. Beyoncé scheint es sogar zu gefallen.

»Cool«, grinst sie den Typen an. »So ein Auto hätte ich auch gern.«

Jetzt steht obendrein die Rockabilly-Chica vom Sofa auf, stolziert zum Tresen und fragt: »Du, Daniel, tätowiert ihr eigentlich auch unter Hypnose?«

Der Checker, Beyoncé und ich im Chor: »Hypnose?«

»Na, ich hab gerade einen Artikel über Tattoo-Hypnotiseure gelesen. Scheint ja zu funktionieren«, zwinkert die Chica mir zu: »Du weißt doch, ich bin so schmerzempfindlich.«

»Schmerzempfindlich?«, wimmert Beyoncé junior. »Tut tätowieren denn sehr weh?«

»Ja, es tut weh«, sagen die Chica und ich wie aus einem Mund. Und der Checker fügt wissend hinzu: »Stimmt. Tut scheiße weh, Alter.«

»Na, dass dein Tattoo wehgetan hat, hab ich mir gedacht«, kann ich mir nicht verkneifen zu sagen.

»Was willst du überhaupt von mir?«, motzt er zurück. »Das hat'n Kumpel von mir gestochen, der auch Tätowierer ist.«

»In welchem Laden arbeitet er denn?«

»Äh … Na ja. Also, der macht das jetzt nicht so richtig offiziell mit Laden und so.«

»Lass mich raten: Eher im Suff nach ner Party bei nem Kasten Bier, wie?«

»Na gut, also … Ja, kommt hin«, nuschelt der Checker und wird rot. »Aber schon richtig mit Maschine und so.«

»Was ist'n jetzt mit der Hypnose?«, rettet die Chica die Situation.

Und Beyoncé raunt mit einem bewundernden Blick auf die Blüten im Dekolleté: »Cool, solche Blumen hätte ich auch gern.«

»Gefallen sie dir?«, streckt die Chica sichtlich geschmeichelt ihre Titten raus. »Wo wolltest du dich denn eigentlich tätowieren lassen?«

»Ich dachte erst mal an den Unterarm?«, lautet die vorsichtige Antwort.

Während ich nur noch die Augen verdrehe, nimmt Miss Rockabilly die Nachwuchs-Beyoncé an der Hand und zieht sie zum Sofa. Ich höre noch, wie sie mit leichtem Vorwurf in der Stimme sagt: »Jetzt komm, Süße, beim ersten Tattoo geht man doch nicht gleich auf den Unterarm.« Da soll noch mal jemand sagen, die Generation Tattoo sei nicht lernfähig. Ich nehme mir also den Checker zur Brust und erkläre ihm, dass wir sein verunglücktes Auto-Krokodil mit einem Cover-Tattoo vielleicht doch noch retten können. Der ganz normale Wahnsinn des Tätowiereralltags nimmt seinen Lauf. Und ich bin wieder in meinem Element.

Banale Geschichte, werden jetzt einige sagen. Stimmt aber nicht. In dieser Situation stecken ganz viele Standardfragen drin, die heutige Tattoo-Anfänger beschäftigen – und nicht nur sie. Angesichts des immer sichtbarer werdenden Tattoo-Hypes setzen sich mehr und mehr Leute mit dem Thema auseinander, die persönlich gar nichts damit zu tun haben. Die Fragen reichen von der ewigen Formel »Tut das weh?« über das berühmte »Kriegt man Tattoos nicht doch wieder weg?« bis hin zum kritischen Punkt »Wer darf sich überhaupt Tätowierer nennen?« Dieses Fragen-Trio kann man mit einem knappen »Ja. Nein. Alle.« Beantworten, aber damit wird man weder den Fragenden noch der Tattoo-Kunst gerecht. Also habe ich mir vorgenommen, in diesem Buch ein bisschen Aufklärungsarbeit zu leisten. Wie finde ich den richtigen Tattoo-Laden? Wie kommt die Farbe unter die Haut? Was tue ich gegen die Schmerzen? Und wie wird man überhaupt Tätowierer? Das sind nur ein paar Punkte, die ich beantworten will.

Als ich Freunden und Kollegen von dem Projekt erzählt habe, meinten einige: »Ach du Scheiße, du schreibst einen Ratgeber?« Da habe ich erst mal gestutzt. Ratgeber finde ich nämlich öde. Aber dann wurde mir klar, dass man beim Thema Tattoo nicht unbedingt in konventionellen Mustern arbeiten muss. Ich werde die Fragen also nicht mit Fachchinesisch, sondern mit Geschichten aus meiner eigenen Laufbahn beantworten. Von meinem ersten Besuch in einem Tattoo-Laden bis zum heutigen Unterarm-Hype ist schließlich einiges passiert, was zum Verständnis des Phänomens beiträgt. Und das Praktische ist: Auch wenn ich mittlerweile selbst zu 70 Prozent zutätowiert bin und aussehe wie ein bunter Taucheranzug, bin auch ich ohne Tattoos auf die Welt gekommen. Wir können also auf Augenhöhe sprechen, und es braucht sich keiner ausgeschlossen zu fühlen. Heißt: auch Nicht-tätowierte und Tattoo-Gegner können hier einiges lernen. Das ist wie mit Sex: Da haben erfahrungsgemäß auch die Leute den größten Informationsbedarf, die noch keinen hatten. Also, husch ins Körbchen, ich hol schon mal die Nadeln raus.

Euer Krause

1.

Goodbye Arschgeweih – Aufstieg und Fall eines Sexsymbols

Ein Tätowierer schreibt ein Buch und nennt es »Goodbye Arschgeweih«? Klingt nach Selbstverleugnung, Nestbeschmutzung oder Blasphemie, oder? Mag sein. Mein Kumpel Mark Benecke, der in diesem Buch später noch ausgiebiger zu Wort kommen wird, meinte außerdem, dass die jüngere Generation den Titel gar nicht verstehen würde, weil sie den Arschgeweih-Trend nicht selbst miterlebt habe und deshalb nicht wisse, was damit überhaupt gemeint sei. Auch das mag sein. Also, liebe Kiddies: bei einem Arschgeweih handelt es sich um ein symmetrisch geschwungenes Tribal, das sich Tausende von Frauen im Zuge der frühen Tattoo-Welle zu Beginn dieses Jahrtausends auf den Steiß haben tätowieren lassen. Damals war das neu, es war erotisch, und es war mutig. Die Trägerinnen des Arschgeweihs waren die Sexsymbole des Millenniums. Dann stellten sie nach fünf Jahren fest, dass das Motiv aus der Mode war und inzwischen weniger mit Individualität als mit inflationärem Proll-Chic zu tun hatte. Also sind sie in Scharen zu ihren Tätowierern gerannt, um sich die Dinger abdecken oder weglasern zu lassen. In diesem Zusammenhang hat sich der spöttische Ausspruch »Goodbye Arschgeweih« zum geflügelten Wort entwickelt. Erst stand auch ich ihm skeptisch gegenüber. Warum ich ihn mittlerweile differenzierter betrachte, erzähle ich gleich, vorweg gibt es ein kleines Krause-Gleichnis:

19

Mein letztes Arschgeweih hab ich vor fünf Jahren gestochen. Da war der Trend schon vorbei und das Motiv bereits eine Lachnummer. Eines Tages kamen zwei aufgebrezelte Mädels in den Laden: Pinkfarbener Pulli, Baseballmütze, Goldkettchen, hochgestemmte Brüste, Lipgloss-Schmollmünder, Power-Nails und Platin-Blondierung. Es gab also einiges zu gucken, sodass ich das quasi-englische Begrüßungsgefasel der Ersten zunächst nicht richtig mitbekam und erst reagierte, als die Zweite mir mit rudimentären Deutschkenntnissen ein »Pfeil« entgegenschleuderte.

Ich: »Äh, was? Pfeil?«

Sie: »Pfeil auf Arsch, Spitze zu Loch. Hahahahaha!«

Laut lachend holte sie einen Zettel aus ihrem Louis-Vuitton-Täschchen und präsentierte die Fotokopie eines verästelten Tribal-Dreiecks. Dann drehten sich beide Mädels um, streckten ihren Hintern raus und deuteten der jeweils anderen auf den Steiß. Die neckische Geste war mir genauso vertraut wie das Motiv. Mit der kleinen Besonderheit, dass mir beides seit mindestens fünf Jahren nicht mehr untergekommen war. Ganz ehrlich: Ich hab mich reflexmäßig nach einer versteckten Kamera umgeguckt. Inzwischen finde ich es fast schon schade, dass keiner mitgefilmt hat, denn der Dialog, der sich anschließend ergab, hätte für jede Menge Gelächter sorgen können. Ich selbst fragte immer wieder ungläubig, ob die beiden es wirklich ernst meinten mit dem Motiv und der Körperstelle, die beiden dachten dagegen, ich flirte mit ihnen, und gaben Kauderwelsch-Antworten, die irgendwo zwischen Kichersprech, Russisch, Englisch und gebrochenem Deutsch anzusiedeln waren. Nach zehn Minuten hatte ich zumindest so viel mitbekommen: Die Mädels waren russische Nutten, die erst vor einem Monat in Berlin gelandet waren und den Tattoo-Wunsch aufrichtig ernst meinten. Ich kam mir ein bisschen vor wie zu alten DDR-Zeiten, wo die Trends aus dem Westen auch immer erst mit fünf Jahren Verspätung ankamen, sodass sie in der BRD schon längst wieder vorbei waren. Vielleicht hatte es aber auch einfach mit dem Eigensinn der Frauen zu tun. Ich habe ihnen bestimmt zehnmal das Wort »out« vorgebetet, doch sie antworteten jedes Mal, indem sie vehement den Kopf schüttelten und mir einen Vogel zeigten. Irgendwann gab ich auf, und sie bekamen ihre Arschwippen. Und sie scheinen Anklang gefunden zu haben: In den folgenden Wochen hatte ich jedenfalls noch drei Déjà-vus mit ähnlichen Frauen, weil die beiden Grazien ihre Kolleginnen vorbeischickten. Ein bisschen kam ich mir vor wie das letzte Einhorn, das inmitten eines tosenden Modernisierungssturms in seinem Elfenbeinturm sitzt und den Ritualen einer überkommenen Tradition frönt. Ich sah sogar schon die Schlagzeile vor mir: »Daniel Krause: Der letzte Arschgeweih-Mohikaner Deutschlands«. So weit kam es dann doch nicht, dafür komme ich jetzt endlich zu dem Punkt, auf den ich eigentlich hinauswollte: dem Titel dieses Buches:

In dem »Goodbye« steckt ganz viel drin. Der Aufstieg und Fall des Sexsymbols Arschgeweih steht nicht nur für das höhnische Gelächter, das sich viele für ihren »Fehltritt« anhören durften und noch dürfen. Im Gegenteil, für mich steht es für den Beginn einer Bewegung. Man muss sich mal vor Augen führen, was seitdem alles passiert ist: Aus einem Trend ist ein Massenphänomen geworden – und aus einem Standardmotiv eine komplett neue Kunstform. Im Klartext: Wenn das Arschgeweih nicht irgendwann mal über den Ärschen der Frauen gelandet wäre, hätten wir heute keinen Tattoo-Boom, keinen New-School-Style und keine Auseinandersetzung mit dem Thema, die in allen gesellschaftlichen Schichten geführt wird. In grauer Vergangenheit musste ja auch erst mal das Rad an den Pferdewagen gebaut werden, um irgendwann zu dem Fahrkomfort weiterentwickelt zu werden, den wir heute mit schicken Porsches oder BMWs erleben dürfen. Wenn man so will, war das Arschgeweih das Rad am Pferdewagen, während die New-School-Motive von heute die BMWs und Porsches der Tattoo-Kunst sind.

Insofern steht »Goodbye Arschgeweih« auch für das Abschiednehmen von Klischees: Indem man sich von dem Standardmotiv verabschiedet, muss man auch alte Tattoo-Vorurteile über Bord schmeißen. Dass Menschen mit Tattoos alle Kriminelle, Prolls, Aussätzige oder Idioten sind, passt einfach nicht zu der Tatsache, dass inzwischen über zehn Millionen Tätowierte in Deutschland rumlaufen, unter denen sich nicht nur Partykids und Türsteher tummeln, sondern auch Wissenschaftler, Doktoren, Anwälte und Professoren. Tattoos sind Mainstream, Zeitgeist und ein Teil heutiger Lebensrealität. Das muss auch die Generation der Über-Fünfzigjährigen, die einerseits die Eliten unseres Landes stellt und andererseits die genannten Klischees verwaltet, erkennen und akzeptieren, sonst ist sie bald abgemeldet und wird selbst zum Arschgeweih unserer Gesellschaft – eine Lachnummer, die entweder veräppelt oder verschämt versteckt wird. Es sei denn, sie entwickelt sich weiter.

Und damit ein paar tröstende Worte an alle, die das Tribal auf ihrem Steiß bereuen oder verfluchen: Ihr seid nicht allein. Ich habe jeden zweiten Tag Frauen, die in den Laden kommen und erst mal zehn Minuten um den heißen Brei herumreden, bis sie mit dem »Unfall« auf ihrer Rückseite herausrücken. Die meisten dieser Frauen haben sich so viel von anderen Menschen reinreden lassen, dass sie den Bezug zu der Motivation verloren haben, mit der sie sich das Ding ursprünglich haben stechen lassen. Objektiv betrachtet ist das Arschgeweih eine sehr erotische Tätowierung, die die weibliche Silhouette betont und sich einer traditionellen Tattoo-Ästhetik bedient. Für so was muss sich sicher keiner schämen, genauso wenig wie dafür, dass man ein sexy Rebell sein wollte, denn genau das war man vor zehn oder fünfzehn Jahren mit einer Arschwippe.

Hinzu kommen Statistiken, die besagen, dass Leute, die sich – egal ob heute oder vor fünfzehn Jahren – für ein Tattoo entscheiden, eine bessere Lebensqualität haben. Sie fühlen sich anders, sie pflegen sich anders, sie haben mehr Spaß, und sie vögeln viel mehr als der Spießer mit der blanken Haut. Die meisten werden dank der Wippe also eine Zeit mit intensiverem Körpergefühl, besserem Sex und mehr Beachtung erlebt haben, die ihnen auch der größte Spötter nicht nehmen kann. Dass diese Zeit vorbei ist, hat in der Regel weniger mit dem Arschgeweih zu tun als damit, dass nicht nur die Tattoos, sondern auch ihre Träger älter geworden sind. Da verschieben sich Prioritäten und Geschmäcker, und am Ende scheinen die Ideale von damals lächerlich und altmodisch. Oft ist das zynisch und unfair und irgendwie masochistisch, denn wer seine Jugend verleugnet, wird im Alter nie zur Ruhe kommen.

Fühlst du dich schon besser? Gut so. Denn ich habe gute Nachrichten für alle, die sich immer noch über ihr Arschgeweih grämen: Ich denke, dass der Trend wiederkommt. Wenn sogar die Marmor-Washed-Jeans, die bis über den Bauchnabel gehen, ihren Weg zurück ins Modeverständnis junger Hipster-Mädchen gefunden haben, dann sollte es die Arschwippe allemal schaffen. Erst werden sie sich Leute als Bad-Taste-Gag oder aus Protest gegen den Überkonsum von Tattoos stechen lassen, und irgendwann lassen sich davon andere inspirieren, die wiederum eine neue Welle lostreten. Spätestens dann sind alle, die noch ein echtes Vintage-Tattoo auf dem Steiß haben, die endcoolen Säue, die den Originaltrend mitbegründet haben.

So lange willst du nicht warten? Verständlich und auch nicht schlimm. Denn Arschgeweihe bieten die besten Voraussetzungen für Umzeichnungen, die die ursprüngliche Herkunft des Tattoos vergessen lassen. Bei Tribals kann man immer die Formen verlängern, man kann Ranken über die Seite und die Pobacken laufen lassen, man kann Wellen draus machen und ein Schiff drauf setzen, man kann Hunde- oder Katzenköpfe drumrum stricken und so weiter. Hat bei mir im Laden alles schon stattgefunden. Ehemalige Arschgeweih-Queens sind dadurch zu Botschafterinnen der neuen Flächen-Tattoos geworden, und der vermeintliche Fehltritt wurde zur Chance. Super gelaufen – aber nicht unbedingt der Normalfall. Deshalb kommen wir nach der Ehrenrettung des Arschgeweihtrends nun zum Untertitel dieses Buches, der auf die Geheimnisse der »Kunst, beschissene Tätowierungen zu vermeiden«, hinweist. Ihnen wollen wir uns auf den kommenden Seiten widmen. Teilweise werde ich sie an meinen eigenen Erfahrungen mit dem Phänomen Tattoo spiegeln, zwischendurch aber auch Freunde und Wegbegleiter zu Wort kommen lassen. Dabei sollte auch dem Letzten klar werden: Jeder Tattoo-Träger ist einzigartig, und jeder Umgang mit Bildern auf der Haut ist legitim. Auch diese Erkenntnis hat mir das Arschgeweih gebracht. Ich sage somit nicht nur »Goodbye«, ich sage auch etwas, was bisher wahrscheinlich niemand diesem zu Unrecht geschmähten Tattoo gesagt hat: »Thank you!« Und damit alles auf Anfang. Ab der nächsten Seite bestimmen wir erst mal, welcher Tattoo-Typ du bist.

2.

Generation Tattoo 1 –
Die Tattoo-Typen

Für einen Tätowierer ist es wichtig, vor der Sitzung einigermaßen zu wissen, mit welcher Sorte Kunde er es zu tun hat, immerhin muss er mit diesem Menschen eine oder auch mehrere Stunden in einem Raum verbringen und ihn mit einem Bild auf der Haut zurück in den Alltag schicken, mit dem er im besten Fall bis an sein Lebensende zufrieden und glücklich ist. Um sich also sowohl beim Tätowieren als auch nach der Sitzung Stress zu ersparen, kann ein kleiner Charakter-Scan am Anfang nicht schaden.

Ich habe für mich selbst sieben unterschiedliche Tattoo-Typen festgelegt, die die ganze Bandbreite von Eigenheiten, auf die ein Tätowierer sich gefasst machen muss, abdecken. Dieses Typenraster ist für Männer und Frauen gleichermaßen gültig. Hier wie dort gibt es verpeilte und entschlossene Kandidaten, und hier wie dort gibt es Ego-Monster und Mitläufer – mit der kleinen Besonderheit, dass es bei Frauen eine Tendenz zu Unentschlossenheit gepaart mit hohen Ansprüchen gibt, während mehr Männer zu Entschlossenheit in Kombination mit Anspruchslosigkeit neigen. Die Grenzen zwischen den Typen sind also durchlässig, und Aspekte der jeweiligen Typen stecken in jedem von uns. Deshalb machen wir jetzt zuerst einen kleinen Test. Tut nicht weh und bedarf keiner weiteren Vorbereitung; das Einzige, was du tun musst, ist ehrlich zu sein. Wenn es dich also unter Druck setzt, dass deine beste

27

Freundin oder dein Kumpel dir beim Beantworten der Fragen über die Schulter gucken, schick sie besser nach Hause oder verzieh dich aufs Klo, wo du ungestört bist. Den meisten Spaß bringt es aber schon, die Fragen in der Gruppe zu beantworten. Es können übrigens auch Leute mitmachen, die gar nicht vorhaben, sich tätowieren zu lassen – genau wie diejenigen, die schon komplett zugehackt sind. Letztendlich ist die Tätowier-Mentalität ja auch nur ein Spiegel menschlicher Grundeigenschaften. Man muss sich also nur in die Situation hineinversetzen, was das nächste Tattoo sein könnte – egal, ob es das erste oder das hundertste ist.

Zum Vorgang: Sammle die Symbole, die hinter deinen Antworten stehen. Wenn es zwei sind, notiere alle beide. Das Symbol, von dem du zum Schluss am meisten gesammelt hast, bestimmt, welcher der sieben Tattoo-Typen, die ich ab Seite 31 vorstelle, du bist. Da die Grenzen zwischen den verschiedenen Typen, wie gesagt, durchlässig sind, ist es möglich, dass du gleich viele Motive zweier unterschiedlicher Symbole sammelst, dann bist du ein Kombi-Typ.

WELCHER TATTOO-TYP BIST DU? – DER TEST

Wie lange spielst du schon mit dem Gedanken, dich tätowieren zu lassen?

Wenn ich ehrlich bin, hat mich dieses Buch erst auf die Idee gebracht! ✑

Ich denke schon seit Monaten drüber nach, jetzt soll's endlich losgehen! !

Seit ich eine einschneidende Erfahrung gemacht habe, die ich festhalten will! ♡

Gedankenspiele sind nicht mein Ding. Ich handle lieber. ━

Hast du persönliche Tattoo-Ikonen?

Äh ... Nie drüber nachgedacht ━

Klar: Dwayne »The Rock« Johnson, Rihanna oder sonstige Superstars! ∞

Mein tätowierter Kumpel aus der Clique/meine tätowierte beste Freundin. ✑

Ich bin meine eigene Tattoo-Ikone! ✑ ✚

Aus welchem Grund willst du dich tätowieren lassen?

Weil ich mein Selbstbild durch mein Äußeres optimieren will! ✚

Weil mein Lieblingssänger auch tätowiert ist! ∞

Weil ich mit dem Bild auf meinem Körper eine Aussage treffen will. ♡ ✑

Es ist die Erfüllung eines Traums. !

Was für ein Tattoo-Motiv schwebt dir vor?

Das wollte ich eigentlich von diesem Buch erfahren.

Kurze Frage, lange Antwort. Übers Motiv kann ich ewig reden.

Ich hab da ein Bild aus meiner Lieblingszeitschrift ausgeschnitten!

Egal, Hauptsache groß!

Tattoos sind für dich ...

... Schmuck.

... Lebensnarben.

... eine Möglichkeit, sich auszudrücken.

... Kunst.

Was versprichst du dir von einer Tätowierung?

Die Leute am Strand, auf dem Festival und im Club sollen mich bewundern!

Es soll toll aussehen und meine Persönlichkeit unterstreichen!

Ich will Teil einer Szene werden, zu der ich bisher keinen Zugang habe.

Ich verspreche mir gar nichts davon.

Wem willst du später deine Tattoos zeigen?

Allen!

Keinem. Ich mache das nur für mich.

Auf Party und im Urlaub. Im Job und bei Familienfesten versteck ich's.

Meinen Sexpartnern.

TÄTOWIERTE SIEBEN: DIE TATTOO-TYPEN

Nach der Arbeit kommt die Selbsterkenntnis. Ich präsentiere: die tätowierten Sieben! Und weil sich in dieser Reihe eigentlich jeder wiederfinden müsste, gibt's für jeden Typus auch gleich den Tipp für ein leichteres Tattoo-Leben.

Der Unentschlossene ?

»Ich weiß nicht wo, ich weiß nicht was!« – das ist das Credo des unentschlossenen Tattoo-Typen. Ihm gefallen Tattoos irgendwie bei anderen, aber er kann weder erklären, warum, noch bei wem konkret. Sprich: Er kann überhaupt nichts erklären. Das Problem ist nur: Jemanden, der nicht erklären kann, was er will, den kann man auch nicht tätowieren. Man kann ihn nur wieder nach Hause schicken und auffordern, dann wiederzukommen, wenn er sich ein paar Gedanken gemacht hat. Unentschlossene Tattoo-Typen bekommen von mir deshalb keinen Tattoo-Termin, sondern eine Aufgabe mit nach Hause. Die ist so einfach wie naheliegend: Motive googeln und die, die infrage kommen, auf einen Stick ziehen oder mit dem Handy abfotografieren. Damit gibt's wenigstens eine Grundlage, und die ist allemal besser als ein komplett hohler Kopf.

Tipp: Lass es sein und versuch's erst wieder, wenn du einen Plan hast.

Der Entschlossene !

»Hoppla, jetzt komm ich, das ist mein Motiv, das ist das Stück Haut, das ich dafür reserviert hab, lass uns loslegen!« – so kommen entschlossene Typen in den Laden. Das sind häufig Leute, die schon seit zehn Jahren über dem Gedanken brüten, sich tätowieren zu lassen, und genauso lange an ihrem Bild herumgedoktert haben. Man könnte meinen, von solchen Leuten träumen Tätowierer, aber das stimmt nicht unbedingt: Das Problem der Entschlossenen ist, dass sie einerseits ungeduldig und andererseits wahnsinnig festgelegt sind. Egal wie schlecht das Motiv ist, es muss sofort passieren, und es muss genau so aussehen wie auf der Vorlage. Nicht so toll, wenn die Vorlage eine derart schlecht und stümperhaft selbst gezeichnete Skizze ist, dass man sich als Tätowierer mal wieder reflexartig nach der versteckten Kamera umguckt. Diskutieren bringt aber wenig, wenn sich der Kunde bei jeder noch so leisen Kritik in seiner Kreativität und seinem Geschmack angegriffen fühlt. Wenn man seit zehn Jahren an einem Bild malt, das man geil findet und alle Kumpels auch geil finden, und dann kommt ein Typ, der sagt, dieses Bild ist misslungen, dann ist dieser Typ natürlich ein Arschloch. Und von Arschlöchern lässt man sich nicht gerne tätowieren. Andererseits hat auch der Tätowierer ein Problem, wenn er ganz bewusst ein Motiv sticht, das er scheiße findet. Die Konsequenz müsste also eigentlich lauten: Tschüs und auf zum nächsten Tätowierer! Aber leider ist es auch damit in diesem Fall nicht getan: Teil der zehn Jahre im Kopf herangereiften Tattoo-Mission war schließlich auch die Wahl des Tätowierers. Damit ist sie eigentlich genauso unumstößlich wie alles andere; das heißt: Diskussionen, Diskussionen, Diskussionen – und von denen träumt echt kein Tätowierer.

Tipp: Verwechsle Entschlossenheit nicht mit Beratungsresistenz!

Der Kreative 🖊

Ein relativ neuer, aber immer stärker verbreiteter Kundentypus sind die Kreativen. Die machen mittelmäßig begabten Tätowierern wie mir oft Angst, denn das sind Leute mit Ideen, die so verschwurbelt oder genial sind, dass du sie erstens nicht verstehst und zweitens nicht zeichnen kannst. Noch schlimmer wird es, wenn der Kunde sein Motiv selbst gemalt hat und schon aus der Skizze hervorgeht, dass er ein tausendmal besserer Zeichner ist als du. Auch hier guckt man sich nach der versteckten Kamera um und kann eigentlich nur sagen: »Entweder du bist selbst Tätowierer und willst mich verarschen, oder du bist es nicht, solltest dir aber dringend Gedanken machen, ob du's werden willst.« Das Problem bei solchen Kunden ist: Sie sind sehr pedantisch, und sie erwarten, dass die Tätowierung mindestens genauso gut wird wie ihre Skizze. In gewisser Weise zu Recht, andererseits ist die Haut kein Blatt Papier und auch kein PC, auf denen man ohne Widerstand und Unebenheiten herummalen kann. Zudem gilt: Je anspruchsvoller das Motiv, desto mehr ist die künstlerische Begabung des Tätowierers gefragt. Und je größer die Begabung des Tätowierers, desto geringer ist seine Bereitschaft, reiner Dienstleister zu sein, der Motive ohne jegliche Form von eigener Handschrift umsetzt. Also: Entweder der pedantische kreative Kunde bekommt sein Tattoo auf den Rücken, sodass er wenigstens während der Sitzung nicht bei jeder Linie rummosern kann, oder man schickt ihn zu Kollegen, die er weniger einschüchtert.

Tipp: Entscheide dich, ob du wirklich ein Tattoo haben oder doch lieber ein Museum eröffnen willst!

Der Anspruchsvolle ✦

Die Anspruchsvollen sind die ahnungslosen Brüder und Schwestern der Kreativen. Bei ihnen geht der Anspruch, mit dem eigenen Tattoo etwas besonders Individuelles und Außergewöhnliches zu schaffen, mit kompletter Unkenntnis von Tätowiertechnik und künstlerischen Möglichkeiten einher. Heißt: Sie überlegen sich Dinge, die zeichnerisch schlicht nicht umsetzbar sind. Eine Sackgasse, in die sich die Tattoo-Branche teilweise sehenden Auges hineinbugsiert hat: Bei Modeshootings für Tattoo-Magazine werden die Bilder oft so heftig mit Photoshop bearbeitet, dass das abgedruckte Bild mit der Realität so gut wie nichts mehr zu tun hat. Damit wird eine Ästhetik der Unmöglichkeit kultiviert, die den anspruchsvollen Kunden vermittelt, sie könnten auch so aussehen. Mit solchen Kandidaten kommt man selten überein – es sei denn, man ist schon der fünfte Tätowierer, der ihnen erzählt, dass ihre Idee in der Form nicht umsetzbar ist, sodass sie allmählich mitkriegen, dass sie ihre Ansprüche überdenken müssen.

Tipp: Mach das Unmögliche möglich und überdenke deine eigenen Ansprüche!

Der Anspruchslose

Es gibt Leute, die sind einfach nur zu faul, für ein paar Minuten ihr Gehirn anzuschmeißen und sich Gedanken über ihr Tattoo-Motiv zu machen. Diese Leute sind aus den unterschiedlichsten Gründen von dem Wunsch getrieben, ein Tattoo zu haben, aber sie haben sich nie Gedanken gemacht, was das überhaupt bedeutet. Anders als die Unentschlossenen bringen sie in der Regel schon Bildvorschläge mit in den Laden, aber man kann ihnen ohne große Überredungskünste auch ein anderes Motiv einreden. Klingt nach Verarsche, ist aber in den meisten Fällen besser für alle Beteiligten. Denn Anspruchslosigkeit bei einem Tattoo geht in der Regel mit einer anspruchslosen Grundhaltung sich selbst gegenüber einher. Das hat zur Folge, dass die Leute in ihrer Unbedarftheit Motive wählen, die nicht zu ihnen passen oder die im Zweifelsfall ihrer Persönlichkeit sogar eher widersprechen. Ein Beispiel: Einmal kam ein angepunktes Mädchen mit Doc Martens, gestreiften Strümpfen und einem Piercing in der Unterlippe an den Tresen und knallte mir ein Bild von Hello Kitty hin, das sie aufs Schulterblatt tätowiert haben wollte. Das Motiv war aus einem Kaufhof-Katalog herausgerissen, den ich am selben Tag aus der BZ gefischt und weggeschmissen hatte. Es war völlig klar, dass hier der Wille zu Spontaneität über die Bereitschaft, sich auch nur ein paar Gedanken über das Tattoo zu machen, gesiegt hatte.

Ich sagte also zu dem Mädel: »Du willst dir Hello Kitty tätowieren lassen?«

Sie (Kaugummi kauend): »Na und? Was dagegen?«

Ich: »Nicht direkt, aber dir ist schon klar, dass auch Millionen anderer Frauen mit diesem Motiv rumrennen, oder?«

Sie: »Na und? Macht mir nichts.«

Ich: »Aber Hello Kitty ist klassischerweise ein Pferdemädchen-Motiv.«

Sie: »Pferdemädchen?«

Ich: »Andere würden vielleicht ›Tussi‹ sagen.«

Sie: »Na und? Dann bin ich halt ne Tussi.«

Ich: »Siehst aber gar nicht danach aus.«

Sie: »Na und? Wonach ich aussehe, entscheide ich immer noch selbst.«

Bevor ich jetzt noch zehn Dialog-Etappen mit »Na-und?«-Antworten runterbete, komme ich lieber direkt zum Punkt: Am Ende hat sie ihre Hello Kitty bekommen. Aber nicht in der geforderten Version, sondern mit Nietenweste, Bierflasche in der Pfote und Iro zwischen den Katzenohren. Das Mädel war happy, ich war happy, und statt mit »Na und?« fingen am Ende alle Sätze mit »Geil, voll die lustige Idee!« an. Ich erzähle das nicht, um mich selbst zu beweihräuchern, sondern um zu zeigen, dass man sich durch Faulheit auch der eigenen Freude übers Tattoo berauben kann. Ich bin mir sicher, dieses Mädchen hätte sich ohne mit der Wimper zu zucken auch die Kaufhof-Kitty stechen lassen und wäre sogar zufrieden gewesen. Anspruchslosigkeit gehörte ja zu ihrer Masche. Aber durch die Anpassung der Figur an ihre Persönlichkeit hat sie einen Spaß am Motiv entwickelt, mit dem sie selbst nicht gerechnet hätte. Dieser Nebeneffekt ist bei Anspruchslosen einfach zu erzielen. Sie sollten allerdings aufpassen, dass sie in ihrer Unachtsamkeit nicht wirklich mal verarscht werden.

Tipp: Wenn du schon keine Ansprüche hast, dann mach dir wenigstens einen Spaß draus.

Der Nachmacher ⬭⬭

Dazugehören zu wollen ist in einer Zeit, in der immer mehr Leute tätowiert sind, ein wichtiger Motivationspunkt, sich tätowieren zu lassen. Deswegen gibt es eine Gruppe von Kunden, die eigentlich nur ein Tattoo wollen, um mitreden und mithalten zu können. Sie sind das genaue Gegenteil der Kreativen: Statt selbst Ideen zu entwickeln, klauen sie lieber Motive bei Dwayne »The Rock« Johnson, Justin Bieber oder Rihanna. Das Problem ist, dass sich diese Gruppe nicht nur keine Gedanken übers Motiv macht, sie macht sich auch keine Gedanken über die Folgen, die das haben kann. Wenn bei Rihanna alle Welt toll findet, dass sie sich ein »Love« oder ein »Shhh…« auf den Finger tätowiert, heißt es noch lange nicht, dass der Arbeitgeber es bei Uschi an der Supermarktkasse auch toll findet. Und wenn Bolle aus dem Fitnessstudio gerade die Maori-Muster von Dwayne »The Rock« Johnson schick findet, weil sein eigener Oberarm nach der letzten Hantelsession auch so schön aufgepumpt ist, heißt das noch lange nicht, dass er sie auch noch in zehn Jahren schick findet. Ich bin grundsätzlich dafür, im Hier und Jetzt zu leben und sich nicht über jede beschissene Konsequenz den Kopf zu zerbrechen, aber dann sollte man das Hier und Jetzt auch nicht mit Motiven feiern, die sich in der Vergangenheit schon jemand anders hat stechen lassen. Durchs Nachmachen wird das Leben bestenfalls einfacher, aber nie spannender!

Tipp: Abgucken ist nicht verboten, aber ein eigener Twist ist Pflicht.

Der Emotionale ♡

Eine einschneidende Erfahrung mit einem Tattoo zu verewigen, das ist das Ritual der Emotionalen. Hund gestorben, Krankheit überwunden, Job gewechselt, Marathon bewältigt, Scheidung, Geburt, neuer Mann – es gibt tausend emotionale Schlüsselmomente, die mit einem Tattoo festgehalten werden können. Für mich ist diese Herangehensweise die purste und ehrlichste. Dafür spricht allein, dass sie oft von Leuten praktiziert wird, die sich genau einmal in ihrem Leben tätowieren lassen – aus diesem bestimmten Anlass heraus, der ihr Leben so bereichert oder erschüttert hat, dass er sie jeden Tag beim Blick in den Spiegel an die Essenz des menschlichen Daseins erinnern soll. Tattoos passen auch deshalb gut zu solchen Ereignissen, weil viele den Akt des Tätowierens an sich als Läuterungsprozess empfinden. Sie treffen eine Entscheidung fürs Leben, sie ertragen Schmerz, und sie treffen eine Aussage.

Tipp: Unnötig! Du hast verstanden, worum's geht. Wer Gefühle zulässt, ist immer Sieger.

3.

Hier bin ich richtig! – Die Suche nach dem passenden Tattoo-Laden

DAS ERSTE MAL

Die erste Tattoo-Sitzung ist wie das erste Mal Sex: Sie ist aufgeladen mit Erwartungen, man weiß, dass man als neuer Mensch aus ihr hervorgehen wird, und man hat schon so viel darüber gehört und geredet, dass die Wahrscheinlichkeit, die neue Erfahrung völlig entspannt zu erleben, gleich null ist. Beim Sex kommt am Ende allerdings wenigstens ein Orgasmus heraus – davon war meine erste offizielle Tattoo-Sitzung weit entfernt. Eigentlich hätte ich mir bei diesem Termin eine Currywurst stechen lassen müssen. Und so bescheuert das auch klingen mag, ich meine es wirklich so: Ich habe damals alles falsch gemacht, was man nur falsch machen kann. Hab ich bisher niemandem so richtig erzählt. Aber in dieses Buch passt die Geschichte perfekt.

Aber von Anfang an: Die Absurdität der Aktion ging schon bei der Motivwahl los: einen grünen Drachen, dessen Schwanz sich um einen Samurai-Krieger schlängelt, wollte ich mir stechen lassen. Oder sagen wir besser »musste«, denn es war eine Frage der Ehre. Mein Tattoo-Termin war der letzte in einer Serie von Sitzungen, bei denen alle elf Mitglieder meiner damaligen Gang dieses Motiv auf den linken Oberarm verpasst bekamen. Das war Anfang der Neunzigerjahre und fand in einem kleinen, schmud-

41

deligen Tattoo-Laden in Berlin-Tempelhof statt. Der Boss unserer Gang hatte im Voraus für uns alle bezahlt und war auch der Erste gewesen, der sich unter die Nadel gelegt hatte. Mit gutem Beispiel voran! Schön blöd. Weil der Tätowierer mit dem Motiv überfordert war, sah der Drache unseres Bosses am Ende aus wie eine Schlange auf Testosteron, und der Samurai war eine Art Strichmännchen-Version von He-Man. Gelungen ist anders. Aber darum ging's nicht. Es ging um das Ritual, um die Symbolik, um das Brandmal der Gang-Zugehörigkeit. Jede Woche ging ein anderer zum Drachenstich, sodass sich der Tätowierer langsam auf das Motiv eingroovte und die Bilder immer besser wurden. Weil ich einen Heidenrespekt vorm Tätowieren hatte, schickte ich immer die anderen vor. So gingen drei Monate ins Land, eine lange Zeit für eine Bande gernegroßer Aushilfsmachos, die ein bisschen Gangster spielen wollen. In unserem Fall etwas zu lange: Als zehn Wochen um waren und nur noch ich als letzter untätowierter Drachenjünger übrig war, verkrachten sich acht Mitglieder unserer Gemeinschaft so heftig, dass die Truppe aufgelöst und das Projekt »Gang« das Klo runtergespült wurde. Da saß ich mit meinen zwei verbliebenen Freunden und ihren albernen Samurai-Drachen auf den Oberarmen und guckte in die Röhre. In so einer Situation gebietet es einem echten Aushilfsmacho die Ehre, dass er sich mit seinen Kumpels solidarisiert. Und wie könnte er das besser tun als durch die Hingabe an ein eigentlich überflüssig gewordenes Ritual, unter dem schon seine Gefährten leiden mussten? »O nein!«, schreit der sich einigermaßen bei Sinnen befindliche Leser an dieser Stelle und ahnt das Schlimmste. »O ja!«, brüllte ich damals und begab mich nach einer durchzechten Nacht, in der die Schmach der Gangauflösung noch mal bis ins lächerlichste Detail durchgesprochen worden war, in die Höhle des Löwen. Schon auf dem Weg stand ich völlig unter Strom. Ich bebte innerlich, weil ich Schiss vor den Schmerzen und vor der Ungewissheit, was mich erwartete, hatte. Der Kater erledigte den Rest. Ich weiß noch, dass ich auf dem Weg zum Tattoo-Laden an einer Curry-wurst-Bude vorbeikam und eigentlich gern etwas gegessen hätte. Aber ich war ohnehin spät dran, also hab ich's gelassen. Hätte ich gewusst, dass ich zwanzig Minuten später sowieso wieder in der Bude landen würde, hätte ich mich vielleicht anders entschieden. Aber ich war jung und wusste von nichts.

So stand ich wenig später vor dem verranzten Tattoo-Shop und sah mich zwei Rockertypen gegenüber, die auf der Treppe vorm Eingang rumlungerten. Schwarze Lederklamotten, Sonnenbrillen, Kippe im Mundwinkel, Tattoos bis zum Hals. Zwischen ihnen saß ein Pitbull, dem die Zunge aus dem Maul hing. Wenn mein Kopf nicht so gedröhnt hätte, hätte ich wahrscheinlich die Kli-schees krachen hören, aber ich hatte andere Probleme. Ich musste in den Laden rein. Und so, wie sich mir die Situation darstellte, hätte ich schon einen von den dreien umpusten müssen, um an ihnen vorbeizukommen. Da ich mich dazu nicht in der Verfas-sung fühlte, versuchte ich es auf die sanfte Tour – mit einem etwas zu schrill klingenden »Hi.«

»Hi«, brummte der Linke zurück.

Und der Rechte: »Willst du zu uns?«

»Keine Ahnung«, antwortete ich wahrheitsgemäß. »Ich komm zum Tätowieren.«

»Soso«, machte der Rechte und beugte sich vor. »Bezahlt wird im Voraus, mein Freund.«

Ich triumphierte, als ich antwortete: »Bezahlt ist sowieso schon.«

Damit stand es eins zu null für mich. Und tatsächlich verfehlte die Bemerkung nicht ihre Wirkung: Der Rocker lehnte sich wie-der zurück und sagte: »Ach du Scheiße. Ist schon wieder Mitt-woch? Du bist einer von den Drachenkriegern, oder?«

Ich nickte stumm und tat unbeeindruckt, aber innerlich hätte ich platzen können vor Stolz. Der Typ wusste tatsächlich, was ich wollte und dass ich zu einer Gang gehörte. Sofort fühlte ich mich stärker, männlicher und selbstbewusster. Dass meine Gang seit ein paar Tagen nicht mehr existierte, musste ich ihm ja nicht gleich unter die Nase reiben.

»Ein ganz schön harter Haufen, deine Jungs, wie?«, meldete sich nun wieder der Linke zu Wort.

Lag da ein leiser Spott in seiner Stimme, oder bildete ich mir das nur ein? Ich zögerte mit der Antwort. Im nächsten Augenblick wurde sie mir glücklicherweise abgenommen. Von einem dicken Koloss mit Rockermatte und schwarzer Schürze, der von innen die Ladentür aufriss und mich anpolterte: »Schon mal was von Pünktlichkeit gehört? Bist du der Lindwurm?«

Ich war völlig verdattert: »Hä? Lindwurm?«

Die beiden Typen mit dem Pitbull fingen gleichzeitig an zu lachen, und der eine krächzte irgendwas nach dem Motto: »Sieht eher nach Regenwurm aus, oder?«

Auf einen Schlag war mein kurzfristig empfundenes Hochgefühl dahin. Ich schrumpfte sogar ein paar Zentimeter. Hinzu kam, dass ich keine Ahnung hatte, wovon der Dicke sprach. Lindwurm? Dieses Wort war mir bis dahin noch nie untergekommen. Klang wie ein Insekt.

»Na, jetzt komm erst mal hoch, bevor wir noch mehr Zeit verlieren«, schnauzte es von oben. »Los, Merlin, rein mit dir!«

Ich war drauf und dran, meinem »Hä? Lindwurm?« ein »Hä? Merlin?« hinterherzuschicken, doch als der Pitbull aufsprang und in den Laden wackelte, wurde mir klar, dass mit Merlin nicht ich, sondern der Hund gemeint war. Ich quetschte mich also zwischen den beiden gackernden Rockern durch. Kurz bevor ich im Laden verschwand, rief der Rechte hinter mir her: »Sag mal, Drachenkrieger, müssen wir uns auf eine Invasion von euch gefasst machen? Ihr scheint ja ein Riesenhaufen zu sein. Wie viele Lindwurm-Lümmel kommen denn noch?«

»Keine Sorge. Ich bin der Letzte«, erwiderte ich. Eine Antwort, die mit einem glucksenden »Oha, den Letzten beißen die Hunde« goutiert wurde, worauf die beiden endgültig in brüllendes Gelächter ausbrachen. Eine mäßig beruhigende Bemerkung, wenn einem im nächsten Moment ein sabbernder Pitbull gegenübersteht. Aber der Polterkopf war ja auch noch da.

»Sitz, Merlin«, schnauzte er. Der Hund ließ sich artig im Türrahmen nieder, der zum Hinterzimmer führte – und aus dem ein leise ratterndes Geräusch drang. Die Tätowiermaschine! Sofort schoss das Adrenalin durch meinen Körper, und ich fing an zu schwitzen. Der ganze Hindernislauf hatte mich völlig vom eigentlichen Grund meines Besuchs abgelenkt: dem Tattoo. Auf einen Schlag war alles wieder da: die Angst vor den Schmerzen, der Respekt vor dem Unbekannten, der Druck, keine Memme sein zu wollen.

»Noch irgendwelche Fragen?«, kam vom Klops hinterm Tresen.

Ich hatte eigentlich eine ganze Menge Fragen, aber bevor ich auch nur ein »Äh …« rauskriegte, sagte der Dicke: »Keine Fragen, sehr gut. Dann können wir anfangen. Dass wir fünf Stunden brauchen, haben dir deine Freunde sicher erzählt. Und am Motiv hat sich ja nichts verändert, oder?«

»Äh …«

»Bestens. Dann mal rein in die gute Stube.«

Damit verschwand er nach hinten und winkte mich zu sich. Fünf Stunden? Nein, davon hatte mir definitiv niemand etwas gesagt. Gefragt hatte ich allerdings auch nicht. Aber jetzt war sowieso alles egal. Ich folgte dem Tätowierer ins Hinterzimmer, dabei musste ich erst mal über den Hund steigen, der unter mir leise knurrte. Hat ein Pitbull schon mal einem Mann von unten die Eier abgebissen? Für ein paar bange Sekunden befürchtete ich, der Erste zu werden.

Doch es ging alles glatt, und ich trat in einen kleinen Raum, dessen Wände bis auf den letzten Zentimeter vollgehängt und zugestellt waren. Überall hingen Bilder von Zombie-Szenarien, nackten

Bräuten oder Zauberern, die auf Einhörnern saßen, und schlagartig begriff ich, wie Merlin zu seinem Namen gekommen war. Außerdem gab es Regale mit Skulpturen von Drachen und Totenköpfen, an der Wand hing ein Spiegel, dessen Rahmen aussah wie das Tor zur Hölle, und an der Zimmerdecke hing ein Motorradreifen. Was mich allerdings viel mehr faszinierte als der ganze Schnickschnack war eine halb nackte Frau, die nur mit BH und String-Tanga bekleidet auf einer Pritsche in der Ecke lag und sich seelenruhig ein Segelschiff auf den Arsch tätowieren ließ – von einem Typen, der optisch genau das Gegenteil von meinem dicken Klops war. Die beiden schnatterten und flirteten und ließen sich von unserer Anwesenheit überhaupt nicht stören. Irgendwie machte mir die Unbefangenheit dieser Lady Mut. Wenn sie das Tattoo so locker wegsteckte, dann würde ein Gang-erprobter Macho-Checker wie ich das ja wohl erst recht können! Aber ihre Selbstsicherheit irritierte mich auch. Es war mir richtig unangenehm, das Shirt auszuziehen, weil ich mich nicht trainiert genug fühlte, um sie beeindrucken zu können. Dass sie sowieso zehn Jahre älter war und vielleicht gar nicht von mir beeindruckt werden wollte, kam mir nicht in den Sinn. Dazu war ich selbst zu fasziniert von ihrem Anblick.

»Na, gefällt dir der Knackarsch?«, sagte der Dicke und schlug mir seine Pranke auf die Schulter.

Muss ich erwähnen, dass ich rot wurde? Wohl kaum.

Im nächsten Moment wurde ich auf einen Hocker gedrückt, mein Shirt flog in die Ecke, und der Klops rieb mir den Oberarm mit einer gelartigen Substanz ein. Anschließend legte er die Matrize mit der Vorlage an, strich dreimal drüber, und wir warteten eine Weile. Um irgendwas zu sagen, meinte ich: »Lindwurm – ist das'n Codewort oder so?«

»Nö«, dröhnte der Dicke, zog die Folie von meiner Haut und deutete auf die durchgepauste Drachenskizze auf meinem Oberarm. »Das ist der Lindwurm.«

Wieder wurde ich rot. Zum ersten Mal kam mir in den Sinn, dass ich mich vorher auch mal ein bisschen mit dem Motiv hätte auseinandersetzen können.

»Aber du bist schon sicher, dass du hier richtig bist, oder?«, fragte der Tattoo-Klops.

»Ja, ja, klar«, nickte ich.

»Dann wollen wir mal hoffen, dass du besser gefrühstückt hast als dein Vorgänger letzte Woche. Heute hab ich nämlich kein Eis im Haus.«

Mit diesen Worten schaltete er die Maschine ein, und das berühmte Rasenmähergeräusch erklang. Damit erübrigten sich weitere Nachfragen. Frühstück? Vorgänger? Eis? Alte Scheiße, worauf hatte ich mich hier bloß eingelassen? Für eine Gang, die es sowieso nicht mehr gab, aus einem Ehrgefühl heraus, durch das die mickrigen »Lindwürmer« auf den Schultern meiner Freunde auch nicht wieder verschwanden, für ein Motiv, das ich mir selbst in der Form nie im Leben ausgesucht hätte. Wieder sah ich zu der Lady auf der Pritsche rüber. In diesem Moment guckte sie zum ersten Mal zurück. Sie nickte mir aufmunternd zu. Gleichzeitig polterte es von der Seite: »Schön locker lassen jetzt.«

Verdammt, es ging los. Aber die Lady guckte. Da hieß es, Haltung bewahren. Ich blähte meine Brust auf, grinste gequält und zwinkerte ihr zu. Dieses Zwinkern war das letzte Flackern meiner von vornherein zum Scheitern verurteilten Standhaftigkeitsbemühungen. Danach traf die gnadenlos voranpreschende Nadeldampfwalze meinen Oberarm, meine Gesichtszüge entgleisten, ich bekam einen Schweißausbruch, und mein Körper setzte sich mit aller Kraft gegen einen Schmerz zur Wehr, der meinen Oberarm in zwei Teile zu spalten schien. Leute, was hab ich gekämpft! Ich hab alle Muskeln angespannt, die Luft angehalten, und meine Augen sind wahrscheinlich fast aus den Höhlen getreten. Es muss ein elender Anblick gewesen sein, darauf ließ zumindest der mitleidige Gesichtsausdruck der Lady schließen, der das Erste war, was ich wahrnahm, als der Dicke nach der ersten Linie die Maschine wieder absetzte.

»Dein erstes Mal?«, rief sie rüber.

»Locker lassen hab ich gesagt«, knurrte der Dicke von der Seite.

Und bevor ich etwas erwidern konnte, ging es von vorne los. Schulterspalter-Schmerz. Krampfen. Luft anhalten. Nach der nächsten Linie war die Lady schon wieder mit ihrem Tätowierer am Schäkern und Kichern. Wie machte die das bloß? Ich selbst war fix und fertig, und mir war kotzübel.

»Immer das Gleiche mit euch Anfängern«, brummte der Dicke mürrisch und zog gnadenlos die dritte Linie. Das Gleiche wie vorher. Und das fünf Stunden? Keine Chance.

Nach einer gefühlten Ewigkeit, die in Wirklichkeit wahrscheinlich zwei Minuten gedauert hat, zierten vier lächerliche Linien meinen Oberarm, ich war um zehn Liter Schweiß ärmer und tausend Tode gestorben.

»Bist ganz schön blass, mein Großer«, meinte der Tätowierer.

»Blass?«

»Willste ne Cola?«

Ich hatte noch gar nicht um Pause gebeten, da schaltete der Dicke schon in aller Seelenruhe die Maschine ab, zog seine Handschuhe aus und drückte mir eine Flasche Cola in die Hand. Ich trank das Ding in zwei Zügen leer.

»Und jetzt gehst du erst mal rüber zum Imbiss, holst dir ne Currywurst und ein Mars und isst was. Danach machen wir weiter.« Er umwickelte meinen Oberarm mit einem Plastikverband und verschwand nach draußen, um eine zu rauchen.

Als ich aufstand, wurde mir ein bisschen schwummerig. Ich sah mich selbst im Wandspiegel. Der Vergleich mit dem Tor zur Hölle passte jetzt perfekt. Die Person, die mir aus dem totenkopfumkränzten Rahmen entgegenglotzte, sah aus wie eine lebende Leiche. Es amüsierte mich fast ein bisschen, dass ich vorher gemeint hatte, die Lady in der Ecke beeindrucken zu können. Jetzt wagte ich nicht mal mehr, sie anzusehen. Dafür sprach sie mich an:

»He, Kleener!«, meinte sie. »Bringste mir ne Pommes mit?«

»Klar, kann ich machen«, antwortete ich und drehte mich um.

»Hast dich doch tapfer geschlagen bis jetzt«, lächelte sie mich an. »Dein Kollege letzte Woche lag schon nach der zweiten Linie unterm Tisch.«

»Echt jetzt?«, musste ich grinsen. Auch davon hatte natürlich niemand etwas erzählt.

»Aber du hättest erst mal den Kollegen vor fünf Wochen sehen sollen«, schaltete sich der dünne Tätowierer ein. »Der ist nicht nur in Ohnmacht gefallen, der hat dabei auch noch gekrampft. Der ganze Laden war mit Erste Hilfe beschäftigt.«

Zum ersten Mal hatte ich das Gefühl, dass es vielleicht ganz gut war, dass unsere Gang sich aufgelöst hatte. Lachend stolperte ich auf den Pitbull zu. Er ging von sich aus zur Seite, sogar die Rocker vor der Tür machten Platz. Ich ging zu der Imbissbude, an der ich vorhin sowieso am liebsten haltgemacht hätte, aß in aller Ruhe zwei Currywürste und trat danach mit einer Portion Pommes für die Lady den Rückweg an. Im Gegenzug erklärte sie mir, dass ich mich in den Schmerz »reinatmen« solle, anstatt mich gegen ihn zu wehren. So was war mir damals zu hoch. Aber irgendwie hab ich trotzdem vier Stunden durchgehalten. Ohne unterm Tisch gelegen zu haben! Was lernen wir daraus? Triumph ist eine Frage des Standpunkts, und beim Tätowieren geht es um die Wurst!

Nur Spaß. Das letzte Wort zum ersten Mal gibt es jetzt:

DAS LETZTE WORT ZUM ERSTEN MAL –
DIE SIEBEN TATTOO-NO-GOS

Ich hab vorhin geschrieben, dass ich bei meinem ersten offiziellen Tattoo-Termin so ziemlich alles falsch gemacht habe, was man falsch machen kann. Und tatsächlich war meine Herangehensweise an die Aktion eine glatte Sechs. Das gilt allerdings auch für den Tätowierer. Wer Lust hat, kann die Geschichte noch mal mit der »Finden Sie den Fehler«-Lupe lesen. Für den Rest hole ich selbst den Rotstift raus.

NO-GO: VERKATERT ZUM TERMIN

Wenn Kunden zu mir in den Laden kommen und besoffen sind, schicke ich sie in der Regel wieder weg. Es ist zwar nicht unüblich, dass sich Leute vor der Sitzung Mut antrinken, aber Alkohol hat zur Folge, dass sie mehr schwitzen, nicht still sitzen und die Wunde stärker blutet. All das trägt zur Verminderung der Qualität des Tattoos bei, weil die Farben wieder rausgewaschen werden. Auch wer den Suff überwunden, aber dafür einen Kater hat, macht es sich und dem Tätowierer unnötig schwer. Schmerzen sind viel schwerer auszuhalten, wenn man ohnehin geschwächt ist. Von der Einschränkung der Wahrnehmung des sprichwörtlich einschneidenden Erlebnisses müssen wir gar nicht erst anfangen. Also, Leute, tut euch selbst den Gefallen und kommt nüchtern!

NO-GO: HUNGRIG ZUM TERMIN

Mein damaliger Tätowierer mag kein Meister des Einfühlungsvermögens gewesen sein, aber mit seiner Ansage, ich solle erst mal eine Currywurst essen, lag er genau richtig. Auch ein hungriger Körper ist ein geschwächter und damit schmerzanfälliger Körper. Räumen wir also mit dem weitverbreiteten Missverständnis auf, dass Essen vor dem Tattoo-Termin verboten ist. Wir sind hier nicht beim Blutabnehmen. Und wem es wegen seines vollen Bauchs peinlich ist, sich vor dem Tätowierer auszuziehen, kann ich nur sagen: Schwächeln nervt viel mehr als eine coole Wampe.

NO-GO: GESTRESST ZUM TERMIN

Ich habe damals auf dem Weg zum Termin nur deshalb nicht bei der Currywurst-Bude gehalten, weil ich ohnehin spät dran war und keine Zeit hatte. Andernfalls hätte ich zwei Fliegen mit einer Klappe geschlagen: den Hunger und den Stress. Heißt: Nehmt euch Zeit! Am besten nimmt man sich am Tag des Tattoo-Termins Urlaub und befreit sich so vom Druck, nebenher noch über tausend andere Dinge nachdenken zu müssen. Tattoo-Sitzungen sind nicht wie Klopapier kaufen. Sie sind etwas Besonderes, und man sollte sie als Geschenk an sich selbst sehen, und das schließt jede Hektik aus. Wer gestresst ist, hat auch mehr Schmerzen. Ein gutes Beispiel dafür ist das »sich in den Schmerz reinatmen«, zu dem mir die Lady geraten hat. Diesen Rat kann man nur befolgen, wenn man nicht bis unters Dach angespannt ist. Außerdem: Tätowierer sind netter und sanfter zu Kunden, die sie nicht eine halbe Stunde warten lassen!

NO-GO: HUND IM HAUS

Als ich Anfang der Neunzigerjahre mein erstes Tattoo bekam, sah die Landschaft der Tattoo-Läden noch ein bisschen überschaubarer und zwielichtiger aus als heute. Damals war das eine Rockerdomäne, man kaufte immer auch die Atmosphäre des Halbkriminellen mit ein. Der Pitbull des Tätowierers war nicht nur ein Klischee, er gehörte irgendwie sogar dazu. Ist aber Quatsch. Ein Tätowierzimmer ist ein Hygieneraum, da haben Hunde, Katzen oder sonstiges Getier nichts zu suchen. Man geht ja auch nicht zum Tierarzt, um eine Magenspiegelung machen zu lassen. Krasser Vergleich, aber irgendwie passend. Also: Sind Tiere im Haus, geh wieder raus!

NO-GO: ANGST VOR FRAGEN

Viele sind beim ersten Mal im Tattoo-Shop sehr eingeschüchtert und haben einen Riesenrespekt vor der Checkerwelt der Tätowierer. Verständlich, ging mir ja genauso. Dass man sich allerdings, wie ich damals, vom Tätowierer das Wort abschneiden lässt oder aus Ehrfurcht gewisse Fragen gar nicht stellt, ist ein klares Argument dafür, den Laden zu wechseln. Zwischen Tätowierer und Kunde muss sich ein Vertrauensverhältnis einstellen, sonst wird auch das Tattoo nicht gut. Das ist wie überall im Leben: Es gibt keine blöden Fragen, nur blöde Antworten. Und wenn ein Tätowierer blöde Antworten gibt, sollte man sich einen anderen suchen.

NO-GO: ESSEN BEIM TÄTOWIEREN

Sosehr ich für eine ausgiebige Mahlzeit vor der Tattoo-Sitzung plädiere, so entschieden lehne ich das Essen während des Tätowierens ab. Ich würde zwar sagen, die Lady war erfahren genug, um ihre Pommes während des Tätowierens essen zu können, ohne dabei Salz in die Wunde zu kleckern, aber letztendlich ist Hygiene keine Frage der Erfahrung. Das heißt: Gegessen wird in den Pausen. Und zwar außerhalb des Tätowierbereichs. Wenn man dafür die Sitzung unterbricht, gehört ein Plastikverband um die Tattoo-Wunde. Zumindest in diesem Punkt war mein dicker Polterkopf vorbildlich.

NO-GO: FREMDMOTIV

Ein Mensch hat Millionen Tattoo-Motive zur Auswahl, aber nur wenige Quadratmeter Haut zur Verfügung. Damit sollte man fremdbestimmte Motive wie in meinem Fall den von der Gang diktierten Samurai-Drachen ausschließen. Auch Schnellschüsse, über die man vorher nicht nachgedacht hat, sind zu vermeiden. Bei denen kommen in der Regel die Delfine, Snoopys und Smileys heraus, die die meisten später bereuen. So viel zur Grundinformation. Die systematische Vorgehensweise in Sachen Motivwahl thematisiere ich im nächsten Kapitel.

4.

Dein Motiv und du – Wegweiser durch den Style-Dschungel

Ich wage zu behaupten, dass gerade mal fünfzig Prozent der heutigen Kunden einen festen Motivwunsch haben, wenn sie zum Tätowierer gehen. In der Regel sind es die Entschlossenen und die Emotionalen, die mit klaren Vorstellungen in den Laden kommen. Der Rest will oder muss sich erst mal eine Runde volllabern lassen. Das hat zwei Gründe:

Erstens: Es gibt nichts Schlimmeres für einen Tätowierer als die Ansage »Is mir egal, mach irgendwas«. Kreativität braucht immer einen Nährboden, auf dem sie sich entfalten kann. Ein Mindestmaß an Information muss also sein – und wenn es nur die Lieblingsfarbe, das Haustier und der aktuelle Wohnort sind. Daraus kann man zum Beispiel einen Farbtopf zeichnen, der vom Haustier umgekippt wird, sodass die auslaufende Lieblingsfarbe die Postleitzahl der Heimatstadt formt. Okay, ein bisschen an den Haaren herbeigezogen, aber es ist immerhin eine Grundidee.

Und damit zu zweitens: Eine Idee gibt noch keine Auskunft über den Zeichenstil eines Tattoos und die Körperstelle, die es schmücken soll. Doch auch die wollen berücksichtigt sein. Ein Minimotiv auf dem Schulterblatt verliert sich, ein Riesenmotiv auf dem Handgelenk wirkt meist gequetscht, große Leute müssen anders planen als kleine Leute und so weiter, und so fort. Sprich:

Der Gedanke der ganzheitlichen Körpergestaltung muss berücksichtigt werden. Doch jetzt erst mal zur Basisarbeit.

Stell dir folgendes Szenario vor: Paule Itzenpritz mit dem dicken Oberarm und seine neue Freundin Cindy mit den Extensions kommen zu Classic Tattoo. Die beiden haben sich am Wochenende beim GTI-Treffen am Wörthersee kennengelernt und zwei Nächte lang auf dem Beifahrersitz des tiefergelegten Paule-Mobils durchgevögelt. Nun wollen sie die tolle Erfahrung mit einem Tattoo feiern. Diese Information geben sie bereitwillig, auch ohne dass man danach gefragt hat. Voll auf Schnatterkurs, die beiden. Erst als sie mit der Frage, was für ein Tattoo sie haben wollen, konfrontiert sind, werden sie merklich einsilbiger.

»Ach so ...«, stammelt Paule. »Äh … Ein GTI wäre doch 'ne Idee, wa?«

»Ziemlich gute Idee sogar«, kann ich dazu nur sagen und mich innerlich freuen. Lieblingsauto ist fast so gut wie Haustier. Offenbar hat Paule einen intuitiven Motiv-Kompass eingebaut – eine Gabe, die Cindy nicht gegeben ist.

»Puh … Äh … Auf jeden Fall auf den Unterarm. Kannst du mir irgendwas anbieten?«

»Schon, aber mehr Spaß hast du dran, wenn du eine eigene Idee hast«, sage ich und wende mich wieder an Paul: »Was für ein GTI soll's denn werden?«

»Wie jetzt, was für einer? So einer wie meiner halt.«

»Kenn ich ja nicht. Modell, Baujahr, Farbe.«

»Willst ihn wohl kaufen, wa? Aber is' nicht. Performance, 2013, Daytonagrau, Mattlack?«

»Seitlich oder von vorne?«, mache ich mir unbeeindruckt Notizen. »Im Fahren oder im Stehen?«

Auf einmal fängt Cindy an wie wild zu kichern.

Paule und ich: »Ist dir ein Motiv eingefallen?«

»Nee, sorry«, gluckst sie und tupft sich mit dem Zeigefinger die Lachtränchen aus den Augenwinkeln. »Aber das klang grad irgendwie voll versaut.«

Paule und ich: »Versaut?«

»Seitlich oder von vorne«, äfft sie mich nach und guckt ihren Macker mit Schlafzimmerblick an. »Im Fahren oder im Stehen?«

»Baby, jetzt beherrsch dich mal«, wird Paule sichtlich fickrig. Dann zwinkert er mir zu. »Sonst müssen wir gleich noch mal auf den Beifahrersitz.«

Auf einen Schlag verstummt Cindys Kichern. Sie schlägt sich die Hand vors Gesicht: »Ach du Scheiße!«

»Sag bloß, es ist doch noch ein Motiv bei dir gelandet …«, sage ich.

»Nee, sorry«, erwidert sie. »Ich glaub, ich hab meinen Autoschlüssel stecken lassen.«

»O nee, nicht schon wieder …«, verdreht Paule die Augen.

»Scheiße«, nölt sie. »Dabei hatten wir noch drüber gesprochen!«

»Sie lässt ständig den Schlüssel stecken«, raunt Paule mir zu.

»Ist ja auch kein Wunder, wenn du beim Parken so ne Hektik machst.«

»Ich bin halt der Blitzparker«, grinst er und nimmt sie in den Arm. »Und jetzt komm runter. Deinen abgerockten Dreier klaut sowieso keiner.«

»Darum geht's nicht«, sagt sie beleidigt.

»Worum geht's denn?«, frage ich.

»Darum, dass mir so was ständig passiert.«

»Wo, sagtest du, willst du dein Tattoo hinhaben?«

»Unterarm. Was hat denn das damit zu tun?«

»Wie wär's, wenn wir dir als Denkzettel einen Autoschlüssel auf den Innenarm tätowieren? So richtig fotorealistisch im Porträtstil.«

Schon kichert sie wieder: »Gar keine schlechte Idee eigentlich.«

»Und was ist mit mir, Alter?«, mault Paule.

»Du kriegst einen Riesenpokal mit einer Parkschild-Gravur, vor der dein GTI steht, aus dessen geöffnetem Fahrerfenster eine Karikatur von dir rausguckt.«

»Geil, so was kannst du?«

»Nee, ich nicht«, gebe ich zu. »Aber meine Kollegen können das. Allerdings müssen wir uns vorher noch auf den Stil einigen.«

Damit führe ich Paule zum Computer, schmeiße die Google-Bildersuche an, und wir gehen GTI-Fotos durch. Währenddessen holt Cindy ihren Schlüssel, den wir abfotografieren und als Vorlage verwenden. Anschließend werden Skizzen gemacht, und drei Monate später, wenn das Feuer zwischen Cindy und Paule möglicherweise schon längst wieder abgekühlt ist, haben die Motive auch unabhängig von ihrer heißen Sommeraffäre noch Gültigkeit. Auch so was muss ein Tätowierer bedenken. Drei Tage alten Liebschaften sollte man nicht mit zwei Herzhälften in die Welt schicken, in denen die Initialen des jeweils anderen drinstehen. Dazu ist die Dauerhaftigkeit einer solchen Verbindung zu ungewiss und damit das Verfallsdatum der Gültigkeit des Tattoos zu niedrig. Und jetzt das Ganze noch mal in Liste:

1. Um sowohl dem Tätowierer als auch dir selbst Nervenstress zu ersparen, solltest du nie mit einem »Mach, was du willst« im Studio auflaufen. Du bist es, die oder der später mit dem Bild rumlaufen muss, deshalb sollte dein Stecher immer auch ein bisschen das machen, was du willst. Ausnahmen von dieser Regel greifen nur dann, wenn das Bild explizit von einem Tattoo-Künstler stammt, dessen Arbeit du liebst. Fansein schafft Kenntnis und Vertrauen und reicht als persönlicher Bezug.

2. Du findest dein Leben langweilig und hast keine eigenen Ideen? Leider falsch, denn so was gibt es überhaupt nicht. Jeder hat seine Vorlieben, jeder hat seine Macken, und jeder hat seinen Kult. Das Beispiel von Cindy und Paule zeigt, wie ein banaler Markenfetisch (Golf GTI) in Kombination mit einer vermeintlichen Stärke (Einparken) beziehungsweise Schwäche (Schlüssel vergessen) zu einem sehr persönlichen Tattoo werden kann, das garantiert nicht jeder hat. Statt eines Markenfetischs können auch Orte, Idole, Filme, Bands oder Hobbys herhalten. Und statt Stärken und Schwächen funktionieren auch Sehnsüchte, Erinnerungen und Träume als Anknüpfungspunkte.

3. Versuche, deine Vorlieben in Symbolen zu denken. Wie das geht, kann man nur mit Beispielen erklären: Weltenbummler = Flugzeug, Leseratte = Buch, Musikfreak = Kopfhörer, Küchenfee = Bratpfanne, Playstation-Fan = Controller-Pad, Biertrinker = Molle, Schminktussi = Lippenstift, Läufer = Turnschuh, Flugkapitän = Pilotenmütze, Maurer = Ziegelstein, Schrebergärtner = Heckenschere, und, und, und. Prinzip kapiert = Nachmachen!

4. Auch wenn ein Tattoo den Augenblick feiert, sollte es über den Augenblick hinaus Gültigkeit haben.

5. Referenzmotive zu suchen ist im Internet-Zeitalter supersimpel, deshalb tummle dich am besten schon vor dem Gang zum Tätowierer bei Google, um einen Überblick zu bekommen: Einfach das Stichwort mit dem Wort »Tattoo« kombinieren. Anschließend ist es wichtig, nicht jeden Treffer einzeln zu betrachten,

sondern sich auf Bilder zu stürzen, auf die man intuitiv schon beim flüchtigen Hingucken reagiert. Auch wenn diese gar nicht dem exakten Bildwunsch entsprechen, sind sie aufschlussreich, weil ein Bild, das deine Aufmerksamkeit erregt, auf jeden Fall Rückschlüsse auf deine optischen Vorlieben zulässt. Wer eher auf Buntes anspringt, tendiert mit ziemlicher Sicherheit zur New School; wer Muster liebt, wird bei Tribals landen; wer Bilder auswählt, in denen gar nicht die Tattoos, sondern die knackigen Körper ihrer Träger im Mittelpunkt stehen, sollte sich überlegen, ob er sich wirklich ein Tattoo oder nicht vielleicht doch lieber eine Mitgliedschaft im Fitnessstudio gönnen sollte. Anschließend verfeinerst du die Suche, indem du neben Stichwort und »Tattoo« zusätzlich einen konkreten Zeichenstil benennst. Du weißt nicht, wie die heißen? Das ändern wir mit der Ink-&-Style-Top-Ten!

INK & STYLE – DIE TOP TEN DER WICHTIGSTEN TATTOO-STILE

Platz 10: Old School

Normalerweise versteht man unter »alter Schule« steife Umgangsformen und einen altmodischen Lebensstil, aber bei Tätowierungen ist das natürlich anders. Wenn hier von »Old School« die Rede ist, schwingt der raue Charme von Rockerbanden und Knastbrüdern mit, und die Luft schmeckt auf einmal nach Salz und Meer und Seefahrt. Unter dem Begriff werden Traditionsmotive wie Kreuze, Segelschiffe, Nixen, Schwalben, Anker, brennende Herzen und Totenköpfe zusammengefasst. Bei den echten

Old-Schoolern (also Tätowierern und Kunden, die den Tattoo-Kult lange vor dem heutigen Hype mit seinen technischen Innovationen gelebt haben) hatte die Symbolik der Motive Vorrang vor künstlerischer Finesse. Sie waren Brandmale für eine Knastvergangenheit, ein Leben auf See oder Symbole für die Zugehörigkeit zu Rockerbanden und wurden häufig mit provisorischem Werkzeug und äußerst begrenzten Möglichkeiten gestochen. Farben oder Schmuckelemente spielen somit keine große Rolle. Inzwischen sind Old-School-Tattoos in unseren Breiten nur noch ein Ausdruck von Nostalgie, und wer eins trägt, sollte sich der Aussätzigen-Symbolik dieses Traditionsstils bewusst sein.

Platz 9: Black and Grey

Der kleine Bruder der Old School hört auf den Namen »Black and Grey«. Wie die englische Bezeichnung schon vermuten lässt, wird hier ausschließlich mit Schwarz- und Grautönen und den unterschiedlichsten Abstufungen gearbeitet – eine Reverenz an die Knast-Tätowierer. Ansonsten findet man im Unterschied zu Old School gerade im Black-and-Grey-Bereich die krassesten Künstler und geilsten Bilder. Inbegriff dieses Merkmals ist die Vielzahl von Porträts, die in diesem Stil gefertigt werden und eine Kunst für sich sind: Viele Black-and-Grey-Künstler verzichten zugunsten feinster Schattierungen und virtuoser Licht-und-Schatten-Spiele komplett auf Außenlinien und erzielen dadurch eine Optik, deren Qualität sich kaum hinter der von Fotos zu verstecken braucht. Man spricht in diesem Zusammenhang zu Recht auch von einem eigenen »Realistic«-Stil. Das beherrscht auch nicht jeder Tätowierer, deswegen muss man sich auf große Künstler stürzen und ein bisschen mehr Geld auf den Tisch legen, um ein Top-Ergebnis zu bekommen.

Platz 8: Asiatisch

Alles, was mit Drachen, Koi-Karpfen, Phönixvögeln, Wellen, Blitzen oder Blumen zu tun hat, bedient sich bei der Symbolik asiatischer Bilderwelten, bei denen die gängigsten Motive aus dem japanischen Kulturkreis stammen. Der Drache ist ein Glückssymbol, der Karpfen ein Zeichen von Stärke und Männlichkeit, der Phönix steht für einen Neuanfang, Wellen und Blitz für den Kampf gegen die Naturgewalten. Was die Blumen angeht ... vergessen wir's. Die Symbolik der Blumen ist eine Wissenschaft, die mir eine Nummer zu hoch ist, weil sich die Interpretationen an jeder Ecke widersprechen. Dass sie außerdem hochgradig austauschbar sind, verdeutlicht ein Beispiel aus meinem eigenen Arbeitsalltag: Ich war und bin selbst ein Meister der Blumenranken und habe dieses Motiv so oft gestochen, dass ich es mittlerweile mit geschlossenen Augen hinbekomme. Das wissen gerade weibliche Kunden, die deshalb gerne in den Laden kommen und »die Lilien, die du so gut kannst« fordern. Darauf muss ich dann immer antworten: »Erstens: Das sind keine Lilien. Zweitens: Du willst auch gar keine Lilien.«

»Ach ja? Was will ich denn bitte dann?«

»Du willst eine rosafarbene Blüte, die keinen grauen Innenschatten hat, mehr aussieht wie ein Lotus, aber auf keinen Fall eine Rose ist.«

»Äh ... stimmt. Eine Lilie halt.«

»Aber das ist keine Lilie.«

»Was denn sonst?«

»Keine Ahnung. Such dir was aus.«

»Aussuchen? Versteh ich nicht.«

Macht nichts. Es gibt nämlich gar nichts zu verstehen. Meine Blumen sind Fantasieblüten, die nur beim ersten Hingucken an Lilien erinnern. Auf den zweiten Blick stimmen weder Form noch Farbe noch Aussage mit dem Original überein. Eine weiße Lilie

hat einen tiefen Kelch, sieht ein bisschen aus wie ein Wikinger-
horn und steht neben Reinheit und Glaube vor allem für den
Tod. Ein tiefer Kelch ist schwer zu stechen, und ein Todessymbol
käme in der lebenshungrigen Tattoo-Gemeinde definitiv nicht
gut an, also ist meine Blumenranke ein rosaroter Ausdruck
von Lebensfreude, der zwar nicht in botanischen Gärten, dafür
aber bei Classic Tattoo gezüchtet wird. Dass sie sich vage am
Asia-Style orientiert, passt zu den persönlichen Umdeutungen,
die mit Asia-Motiven generell viel betrieben werden. Und es passt
auch zum Umgang mit Platz Nummer sieben unserer Ink-Style-
Hitparade:

Platz 7: Tribal

Filme wie »From Dusk Till Dawn« haben sie Ende der Neunzigerjahre populär gemacht, seitdem wurden sie millionenfach gestochen: Tribals, die kleinen Muster, die ihre Ursprünge in der Täto-
wiertradition der Maoris in Neuseeland und Polynesien haben.
Sie haben den westlichen Mainstream revolutioniert, erst in der
abgespeckten Biohazard- und Arschgeweih-Version, dann in der
detaillierteren Sleeve-Variante, die die Kerle von heute feiern, weil
die Hälfte der männlichen Tattoo-Träger gerne aussehen würde
wie Dwayne »The Rock« Johnson – und der hat ein Maori-Tribal
auf dem linken Oberarm. Dieses Motiv zaubert momentan jeder
zweite Kunde als Vorlage aus dem Hut. Verständlich: Sieht gut
aus, und Dwayne Johnson ist ein geiler Typ. Ende der Debatte?
Leider nein. An dieser Stelle beginnt die Diskussion mit den
Neunmalklugen erst, die immer wieder in den Laden kommen
und fragen, ob wir Bücher über die Bedeutungen von Maori-Tat-
toos haben. Daraufhin schüttele ich den Kopf und frage: »Was für
ein Buch hattest du dir denn vorgestellt?«

»Na so eins, wo die einzelnen Symbole erklärt werden. Die
Dreiecke und Striche haben doch alle irgendeine Bedeutung.«

Damit beginnt mein kurzer Vortrag über die Ursprungsge-schichte der Maori-Tribals: Darüber, dass sie in ihrer Herkunfts-region einen sozialen Status und eine Position innerhalb der Fa-milie markieren; darüber, dass die Anordnungen und Muster auf der Haut für bestimmte Dinge stehen, mit denen der Träger zum Wohl der Gemeinschaft und damit zu seinem gesellschaftlichen Ansehen beigetragen hat; darüber, dass die genauen Platzierun-gen und Bedeutungszuordnungen von Stamm zu Stamm unter-schiedlich sind und es deshalb keine gültigen Symbollisten oder Bedeutungsbücher gibt. Sprich: Die Muster sind immer individu-ell angepasst, und man kann sie nicht wie Buchstaben oder Zah-len dechiffrieren.

Nach diesem Vortrag lassen die Nachwuchs-Dwayne-Johnsons in der Regel den Kopf hängen und wissen nicht, was sie sagen sollen – und ich lasse dann den Super-Krause raushängen und hole mein Ass aus dem Ärmel:

»Aber...«, sage ich dem Kunden, »Wenn du Bedeutung willst, dann stütz dich auf eins der Maori-Kernmotive und bau dir ein Bild nach deiner eigenen Persönlichkeitsstruktur zusammen.«

»Eigene Persönlichkeitsstruktur?«

Sofort fangen die Augen wieder an zu leuchten, und die Ent-schlossenheit ist zurück. Genau das ist es, was ein neunmalkluger Tattoo-Kunde auf der Suche nach Bedeutung haben will: Indivi-dualität innerhalb eines vorgegebenen Rahmens.

»Es gibt bei den Maoris große Motive wie die Sonne, die Schild-kröte oder bestimmte Fische, die alle für bestimmte Tugenden ste-hen«, erkläre ich weiter.

»Krass.«

»Schildkröte für Weisheit, Sonne für Lebensenergie, Fische für ...«

»Ich nehme die Schildkröte.«

»Super. Dann hätten wir's.«

»Und was ist mit den Mustern?«

»Na, so eine Schildkröte kann man doch in ein Muster mit Bögen und Strichen integrieren, die zur Optik passen. Mach deinen eigenen Kult draus.«

Kopfnicken, Handschlag und der Braten ist gegessen. Wieder einen neunmalklugen Kunden in den Rang eines weisen Mannes erhoben. Es lebe das Tribal – dessen Sinn irgendwie ja genau diese Form von Aufwertung ist.

Platz 6: Dotwork

Eine Welt in Millionen Stichen – das sind Dotwork-Tattoos. Bei diesem Stil werden keine Linien gezogen, stattdessen setzen sich alle Kanten und Konturen aus vielen kleinen Punkten zusammen. Dadurch entsteht eine sehr weiche, fließende Optik und der berühmte Pixel-Effekt: Ein kompaktes Bild zerfällt in viele kleine Partikel, je weiter man sich ihm nähert. Ähnlich wie Black and Grey ist auch diese Technik aus einem Mangel heraus entstanden: Überall dort, wo es keine mechanisch betriebenen Tattoo-Maschinen gibt und gab, kommt die Tupf-Methode zum Zug. Das weiß niemand besser als ich, dessen allererstes Tattoo (der Drache vom »ersten Mal« bezog sich ja nur auf mein erstes in einem richtigen Studio gestochenes Motiv) ebenfalls im Punkt-Punkt-Punkt-Verfahren entstanden ist: Ein Kumpel hat mir auf einer Pogo-Party im Keller eine kleine hässliche Rose auf den Oberarm getackert. Der Mann war definitiv kein Dotwork-Spezialist, sondern er hat es nur deshalb so gemacht, weil wir statt einer Maschine lediglich eine hohle Nadel zur Verfügung hatten, die mit einem Bindfaden umwickelt war. Die Rose sah auch richtig scheiße aus, aber ich kann es ihm nicht verübeln. Wer einen Eindruck davon bekommen will, wie anstrengend diese Methode ist, muss sie nur mit einem Kugelschreiber auf der eigenen Haut ausprobieren. Bitte nicht zu doll zustechen, sondern einfach nur versuchen, ein simples Motiv wie eine Sonne oder eben eine Rose im Dot-Modus zu malen! Wer darüber den Glauben ans Punkten verliert, ist reif für die grandiosen Arbeiten der modernen Dotwork-Künstler von heute. Sie machen das Unmögliche möglich und zeigen und sind das beste Beispiel dafür, wie man aus einer Not eine Tugend macht.

Platz 5: Schriften

Im Mittelalter nannten die Kirchenpopen es Kalligrafie, im Tattoo-Zeitalter spricht man von »Lettering«, gemeint ist das Gleiche: die Arbeit mit Schrift und das Kreieren eines sprichwörtlichen Buchstaben-Bildes. Wer es sich einfach macht, kann die Schriftarten im Textprogramm seines Computers durchgehen, um sich klarzumachen wie viele unterschiedliche Typografien es gibt. Wer es lebendiger mag, setzt sich an einem sonnigen Tag vor meinen Laden und studiert die Spruchbänder und Schlagwörter, die meine Kunden auf der Haut tragen. Romantisch verschnörkelt oder sachlich-schlicht, exotische Hieroglyphen oder vertraute Markenlogos – hier wird nichts ausgelassen, was man mit Schriften alles anstellen kann. Man kann sich auch bei Promis umgucken: Das »Shhh …« auf dem Zeigefinger von Rihanna, das »Yolo« auf dem Handballen von Zac Efron, der »Know your Rights«-Schriftzug zwischen den Schulterblättern von Angelina Jolie – alles Beispiele dafür, wie Worte genutzt werden, um Aussagen zu treffen, und in einer bewussten grafischen Aufbereitung zur Körpergestaltung beitragen. Wer seine Botschaft an die Welt oder an sich selbst also nicht in Symbolen verschlüsseln will, trifft auf diese Weise immer ins Schwarze. Oder sagen wir, fast immer. Denn leider sind Worte auch für einige ziemlich peinliche Tätowierpannen gut.

Drei Beispiele: »To young to die, to fast to live«, »It get's better« und (ganz schwierig) tibetische, chinesische oder hebräische Schriftzeichen, die per Online-Translator nicht nur falsch, sondern auch sinnentstellend aus dem Deutschen übersetzt wurden.

Zum Letzten kann ich kein konkretes Beispiel geben, weil ich die genannten Sprachen selbst nicht spreche. Jedem, dem es ähnlich geht, würde ich von ihrer Verwendung abraten. Das »It get's better« steht stellvertretend für alle Apostroph-Katastrophen, die nicht nur bei Tattoos, sondern auch auf Kneipen- und Ladenschildern fabriziert werden (in diesem Fall ist das Apostroph einfach nur überflüssig und falsch). Bei »To young to die, to fast to live« wurde beim ersten und fünften Wort schlicht ein »o« vergessen – ein Fehler, der passiert, wenn weder Kunde noch Tätowierer des Englischen mächtig sind.

Damit das jetzt niemand falsch versteht: Ich bin selbst Hobbylegastheniker, und die Leute, die das Manuskript dieses Buches bearbeiten, haben beim Ausbügeln meiner Rechtschreibfehler definitiv alle Hände voll zu tun. Aber es gibt diese Leute wenigstens! Ein einfacher Tattoo-Kunde hingegen denkt in den seltensten Fällen darüber nach, seine Spruch-Idee vor der Sitzung von einem Lektor korrigieren zu lassen. Oder er vertraut blind auf die Kenntnisse des Tätowierers. Beides kann besonders bei englischsprachigen Schriften gefährlich sein, deshalb: Vor dem Stechen dreimal checken (lassen) und Sprachen vermeiden, die du selbst nicht sprichst.

Danach ist dem Spiel mit den Buchstaben keine Grenze mehr gesetzt: Zeitgeist-Sprüche in altmodischer Gitterschrift auf die Brust, Bibelsprüche in Science-Fiction-Lettern auf den Arm, Rocker-Zitate als spießige Kissenstickerei auf den Bauch, ganze Buchseiten auf den Rücken oder – wie meine Kumpels Hagen und Sven von den Haudegen (ersterer kommt später noch persönlich zu Wort) – Namen von Fans und Freunden aufs Bein. Die schönsten Spruchbänder machen meiner Erfahrung nach übrigens Tätowierer, die in der Schule in Schönschrift eine Sechs hatten. Gibt's diese Zeugniskategorie heute noch? Wenn ja, sollte man sie vielleicht in »Lettering« umbenennen.

Platz 4: Fantasy

Der Gedanke liegt nahe, sie dem *Herr-der-Ringe-* und *Harry-Potter*-Zirkus zuzuschreiben, aber Fantasy-Gestalten wie Elfen, Zwerge, Zauberer und Einhörner gehörten bereits lange vor dem Hobbit-Hype und sogar vor dem heutigen Tattoo-Boom zu Ausdrucksformen der Old-School-Tätowierer. Die Grenzen zwischen Kitsch und Kunst sind in diesem Bereich fließend, und die Fantasy-Jünger sind ein eigenwilliges Völkchen, das man am besten mit einem Stecher zusammensetzt, der sich in ihrem Fachbereich auskennt. Damit vermeidet man Gesetzesverstöße. Ich habe zum Beispiel erst lernen müssen, dass Elfen und Einhörner nur bei Amateuren Flügel haben. Inzwischen weiß ich es, bin deshalb aber nicht weniger Amateur als vorher, deshalb überlasse ich die Fantasy-Tattoos meinen erfahrenen Kollegen. Die schließen sich dann mit den Kunden in ihren Zimmern ein, und wenn man eine Stunde später vorbeiguckt, scheint das Motiv wie von Zauberhand auf die Haut zu fließen, und die Beteiligten sprechen in einer Sprache, deren Worte ich zwar verstehe, deren Inhalt für mich aber keinen Sinn ergibt. Oder muss ich kapieren, warum Zwerge sich nicht mehr unsichtbar machen können und deshalb nicht als Identifikationsfigur für den impliziten Leser taugen? Nein, muss ich nicht. Vermutlich bleiben mir dadurch eine Menge versteckte Botschaften in Fantasy-Tattoos verborgen, aber ich erkenne immerhin, dass ein properer theoretischer Hintergrund zu künstlerischen Hochleistungen führt, denn die werden im Fantasy-Bereich definitiv erbracht. Je größer die Tattoos, desto mehr scheinen ihre Träger selbst zu einem Teil der Welt zu werden, von der sie sich ein Stück auf die Haut haben kratzen lassen.

Platz 3: Anatomie

Die Skizzen von Leonardo da Vinci waren und sind seit jeher beliebte Tattoo-Motive. Inzwischen werden sie allerdings seltener in der Eins-zu-Eins-Variante auf die Haut übertragen, sondern dienen zunehmend als Vorlage für einen eigenen Stil: das Anatomie-Tattoo. Dabei wird in realistischer Optik das Innenleben des Körpers auf seine Oberfläche übertragen. Ähnlich wie in dem Robbie-Williams-Video zu »Rock DJ«, in dem sich der Sänger im Laufe des Songs nicht nur die Klamotten, sondern auch Haut und Muskeln vom Leib reißt, bis nur noch das Skelett durch die Gegend tanzt, wird auch hier mit der morbiden Faszination für die menschliche Anatomie gearbeitet. Sowieso ist das Video eine ganz gute Metapher für das, was die Träger von Tattoos im Allgemeinen und die Träger von Anatomie-Tattoos im Besonderen einfordern: Aufmerksamkeit. Bei »Rock DJ« geht es darum, dass Robbie sich von einer Armada abgewichster Model-Chicas nicht genügend beachtet fühlt und deshalb zum Schockeffekt der ultimativen Entblößung greift. Ähnlich machen es Leute, die mithilfe eines Tätowierers ihre komplette Armmuskulatur freilegen. Oder die Haut über der Wirbelsäule mit einem Reißverschluss aufziehen. Oder die Schädeldecke aufklappen und das Gehirn sichtbar machen. Völlig wild, was da einige Künstler an lebendigen Anatomiepuppen auf die Menschheit loslassen. Für mich sind diese Tätowierer die da Vincis der Neuzeit, nicht nur weil sie sich in der Regel an dessen Anatomiestudien von Armen, Rücken und Torsos orientieren, sondern auch weil sie seine Vision mit modernen Mitteln weiterentwickeln. Da Vinci wollte durch das Sezieren von Körpern dessen Einzelteile und deren Funktionsweise verständlicher machen. Nichts anderes tun Anatomie-Tätowierer und ihre Kunden, Manipulationen inklusive: Schmale Typen, die nicht so dicke Oberarme haben, nutzen die Muskulatur-Tattoos zum Beispiel, um per besonderer Betonung des Bizeps ihre eigenen Statur aufzupimpen. Keine blöde Idee, zumal die Dinger aus der Ferne täuschend echt aussehen. Da denkt man wirklich, da hätte sich jemand die Haut abgezogen. Manchmal ein bisschen eklig das

Ganze. Aber schon da Vinci hat mit seinen radikalen Forschungsmethoden die vermeintlichen Grenzen des guten Geschmacks zugunsten des Fortschritts gesprengt. Also, weitermachen!

Platz 2: Kleinmotive

Mit Kleinmotiven hat alles angefangen, und sie ziehen sich bis heute durch die Tätowierbiografien der Menschheit. Sterne, Herzen und Smileys gehen immer, weil sie einigermaßen unabhängig vom Zeitgeist sind. Ansonsten findet sich in dieser Kategorie auch ein Großteil jener Tattoos wieder, die nach dem Abflauen ihrer modischen Kompatibilität in der Kategorie »beschissene Tattoos« landen: Delfine, Teufelchen und Rosen genießen nach einem Hype zur Jahrtausendwende inzwischen einen ähnlich schlechten Ruf wie das Arschgeweih. Bei Gegenwartsmotiven, die in zehn Jahren mit Sicherheit keiner mehr sehen kann, fallen mir zuallererst das Unendlich-Zeichen (eine umgekippte Acht) und die Feder ein. Ein Blick ins Internet genügt, um zu erfassen, wie viele verschiedene Sorten von Tattoo-Federn durch die Welt getragen werden. Und es kommen täglich neue hinzu. Das kann ich mit dieser Sicherheit sagen, weil ich selbst bewusst, aber unfreiwillig dazu beitrage. Immer wieder kommen Leute mit dem Feder-Wunsch zu mir. Dann erzähle ich ihnen, dass das Motiv ausgelutscht ist, aber sie beharren darauf und fordern mich auf, den Kiel bei ihnen ein bisschen länger zu machen, die Daunen ein bisschen flauschiger und die Krümmung etwas runder. Schließlich soll ihre Feder ja eine ganz besonders individuelle werden. Mein zweiter Einwand, dass auch eine noch flauschigere Daune die Feder zu keinem individuellen Motiv macht, wird von einem »Egal, ich find's schön« erstickt und zehn Minuten später sitze ich doch wieder auf dem Hocker und schnurre, dass die Federn fliegen. Ähnlich verhält es sich mit dem Unendlich-Zeichen: eigentlich ein schönes Motiv. Es fließt, es ist klein, es ist ein Kommentar auf den ewigen Kreislauf, in dem wir alle drinstecken. Andererseits ist es aber auch das Arschgeweih der Gegenwart. Ich habe in den letzten zwei Jahren mehr von den Dingern gestochen als Arschwippen vor fünfzehn Jahren. Eines hat sich allerdings geändert: der Anspruch, aus dem Motiv von der Stange doch noch etwas Eigenständiges rauszuholen. Beim Unendlich-Zeichen ist das einfacher als bei Federn: Da werden Namen von Partnern, Anker oder Weltkugeln in die Hohlräume gesetzt, oder – makaber, aber wahr – der Geburtstag in die eine Hälfte und ein Freilassungszeichen fürs Todesdatum in die andere Hälfte. Ich bin immer wieder fasziniert, was für eine Kreativität die Leute mittlerweile in Kleinmotive hineinlegen. Neulich kam ein Mädchen zu mir und wollte eine gestrichelte Linie ums Handgelenk haben, die in einen Origami-Papierflieger mündete. Damit drückte sie ihre Reiselust aus. Super-Idee, genau wie der An- und Aus-Schalter hinterm Ohr, der Münzeinwurfschlitz an den Lenden, der USB-Anschluss am Arsch oder das aus der Haut gelöste Puzzleteil egal wo. Like-Daumen gehen auch. Denn: Krause likes Kleinmotive!

Platz 1: New School

Hier kommt die Königsklasse der Tattoo-Moderne: das New-School-Tattoo. Solange es nur bunt, comic-mäßig überzeichnet und augenzwinkernd ironisch daherkommt, ist hier alles erlaubt, was an surrealen Motiven vorstellbar ist. New School leitet sich von Old School ab. Ein Markenzeichen dieses Stils ist somit die Umzeichnung von Klassikermotiven in einer verspielten Form. Flammen, Totenköpfe, Kreuze, sie alle kommen hier wie eine powerkolorierte und um tausend Gimmicks erweiterte Remastered-Version eines Fünfzigerjahre-Schwarz-Weiß-Films erneut zum Zug. Der Anker bekommt ein Gesicht, das Segelschiff Flügel und Propeller, die Nixe eine Pumpgun in die Hand. Mit anderen Worten: Der New School gehört die Zukunft – gerade weil sich die zitatfreudige Bildersprache ihrer Wurzeln und Vorbilder bewusst ist.

5.

Das Shopguide-Diplom

TÄTOWIERER-TYPEN

Zeit für ein kleines Spiel! Wir haben Bekanntschaft mit den Kundentypen gemacht, wir wissen, welche Faktoren bei der Motivwahl zu beachten sind, und wir kennen die relevanten Tattoo-Stile. Aber was ist eigentlich mit den Tätowierern? Die sind ja auch keine Maschinen oder Grafikprogramme, sondern Menschen aus Fleisch und Blut, und Originale sind in diesem Berufsstand sowieso alle. Es trifft also eine kunterbunte Kundschaft aus Kreativen, Entschlossenen, Emotionalen und so weiter auf eine Meute von Individualisten, die in der Regel selbst eine Sozialisation in den genannten Kundenkategorien hinter sich und irgendwann die Seiten gewechselt haben. In Tattoo-Studios prallen also tagtäglich Welten aufeinander. Wenn's dann richtig blöd läuft, gerät der kleine Proll, der eigentlich nur ein Tattoo will, weil er die Dinger von David Beckham und Rihanna geil findet und bei der nächsten Autofahrt einen tätowierten Arm ins Fenster legen will, an den sensiblen Tattoo-Künstler, der neben dem Zeichnen vor allem beim Fahrradfahren und Kuscheln mit seinen Hunden Erfüllung findet. Ich sag's euch, Leute: So was ist, als ob die Geissens mit Josef Beuys ein harmonisches Dinner veranstalten wollen. Es wird nicht funktionieren, und wenn man es erzwingen will, kann es auch mal richtig krachen. Um das zu vermeiden, gibt es Shopguides. Für jeden Laden, der kein Ein-Mann-Betrieb ist, sind sie die Schutzschilde, die hinterm Tresen stehen, den am Anfang beschriebenen Kunden-Scan durchführen, sich dann geduldig die »Ich will'n Tattoo, aber ich weiß nicht wo und ich weiß nicht was und eigentlich will ich auch nur das, was alle haben, aber es soll was ganz Besonderes sein«-Nummer anhören, um schließlich den Motivfindungsprozess aus dem letzten Kapitel durchzuballern. All das schafft ein guter Shopguide innerhalb von einer Viertelstunde. Aber damit ist seine Arbeit noch nicht getan, denn jetzt gilt es, eine funktionierende Tätowierer-Kunden-Kombination herzustellen, bei der es eben nicht kracht. Dafür braucht man Fingerspitzengefühl. Und weil du nach den letzten drei Kapiteln so viel davon entwickelt haben solltest, dass du fast schon Profi bist, darfst du jetzt selbst dein Shopguide-Diplom machen. Zieh dir die folgenden Tätowierertypen rein und versuche anschließend, jedem davon die zu ihm passenden Kundentypen zuzuordnen. Wie viele es jeweils sind, steht dabei, aber nur wenn du die richtigen Gruppen ankreuzt, ergibt die Abfolge aller angekreuzten Buchstaben am Ende das richtige Lösungswort. Es bezeichnet die Haupttugend eines Shopguides. Auflösung und Erklärung stehen auf Seite 86ff.

Die Künstler

Der eine sitzt da mit übergeschlagenen Beinen und entrücktem Blick, die zweite mit auftoupierten Haaren und Strumpfhosen in Signalfarben, der dritte hat sich einen schicken Bart stehen lassen und nimmt die Denkerpose ein. Sprich: Man hat das Gefühl, dass die Leute selbst in Arbeitspausen nie komplett der inneren Welt entkommen, aus der die Ideen für ihre Bilder stammen – ein gutes Zeichen dafür, dass man an einen Vollblutkünstler geraten ist. Die Stärke dieser Kategorie ist nicht unbedingt das soziale Miteinander, sondern die überbordende Kreativität, die (verbunden mit jeder Menge handwerklichem Können) erst beim Zeichnen in ihrer ganzen Bandbreite zum Tragen kommt. Wenn ein Tätowierer also so einsilbig oder stumm auf die Ausführungen zu deinem Motivwunsch reagiert, dass du Angst hast, er hätte dich nicht verstanden, verwirre ihn nicht mit noch mehr Gelaber, sondern frag lieber, ob er eine Skizze machen kann. Die Künstlerfraktion wird dieser Bitte dankend Folge leisten, weil ihre Mitglieder froh sind, wenn sie die Kommunikation aus der verbalen auf die zeichnerische Ebene überführen können. Und der Skizzenvorschlag hat noch einen weiteren Mehrwert: Wenn man sich von einem Künstlertypen tätowieren lässt, sollte man seine Arbeit kennen und mögen, denn er wird nie vollends von seinem eigenen Stil abweichen. Der ist sein Markenzeichen und sein ganzer Stolz. Deshalb ist er sich für simple Tribals oder Kleinmotive in der Regel auch zu schade.

Welche Kundentypen passen am besten zu den Künstlern (zwei Typen)?
R – Die Unentschlossenen
Z – Die Entschlossenen
U – Die Kreativen
D – Die Anspruchsvollen
N – Die Anspruchslosen
L – Der Nachmacher
I – Die Emotionalen

Der Allrounder
Gnadenlos talentiert, aber zu faul oder zu uneitel, um sich in den Rang der Koryphäen hochzuarbeiten, sind die Allrounder. Sie können vom New-School-Kunstwerk bis zum Kleinmotiv alles,

und sie geben in jedem Bereich Vollgas. Dadurch, dass sie sich nicht auf eine Richtung spezialisieren, bleiben sie flexibel, entwickeln aber im Gegensatz zu ihren Kollegen aus der »Künstler«-Kategorie keinen wirklich eigenen Stil, weil das nicht zu ihren erklärten Zielen gehört. Diese Typen machen den Tätowiererjob nur zu einem Drittel, um ihre zeichnerischen Fähigkeiten auszuleben. Die verbliebenen zwei Drittel speisen sich daraus, dass sie erstens gesellige Typen sind, die gerne neue Menschen und ihre Geschichten kennenlernen, und zweitens die Tattoo-Welt als ihr Zuhause empfinden. Nicht das fertige Motiv ist das Ziel, sondern der Weg dahin. Dank derartiger Lebe-den-Moment-Philosophien sind die Allrounder die Arbeitstiere vor dem Herrn.

Welche Kundentypen passen am besten zu den Allroundern (zwei Typen)?
P – Die Unentschlossenen
Z – Die Entschlossenen
L – Die Kreativen
G – Die Anspruchsvollen
E – Die Anspruchslosen
Z – Der Nachmacher
I – Die Emotionalen

Die Veteranen

Sie haben viel erlebt, sie haben viel gesehen, und sie trauen der rasanten Entwicklung der Tattoo-Szene nicht recht über den Weg: die Veteranen. Sie kennen noch die Zeiten, in denen so gut wie jede Tätowierstube unter der Beobachtung von Rockerbanden stand und sich die Kundschaft hauptsächlich aus den harten Burschen und verwegenen Frauenzimmern zusammensetzte, zu denen sie selbst zählen. Dass inzwischen immer mehr Ottonormal-bürger in ihre Läden strömen, freut sie aus geschäftlicher Sicht, aber die damit verbundene Häufung von Sonderwünschen blo-cken sie genervt ab oder ignorieren sie komplett. »Hinsetzen und Maul halten« lautet die Devise. So war das früher, warum sollte es heute anders sein? Diese Tätowiererkategorie muss sich den Vor-wurf gefallen lassen, dass sie sich dem Fortschritt verweigert. An-dererseits sollte man nie vergessen, dass es diese Jungs und Mä-dels mit ihren Old-School-Bildern waren, die diesen Fortschritt sowohl künstlerisch als auch gesellschaftlich überhaupt erst mög-lich gemacht haben. Insofern haben wir ihnen viel zu verdanken. Wer daran auch nur den geringsten Zweifel hat, soll sich hinsetzen und das Maul halten.

Welcher Kundentyp passt am besten zu den Veteranen (ein Typ)?
K – Die Unentschlossenen
O – Die Entschlossenen
L – Die Kreativen
D – Die Anspruchsvollen
O – Die Anspruchslosen
Z – Der Nachmacher
I – Die Emotionalen

Der Tattoo-Nomade
Fast jeder Laden arbeitet heute mit Gasttätowierern. Das sind Künstler, die sich nicht dauerhaft an einen Shop, eine Stadt oder ein Land binden wollen, sondern lieber mit ihrem Tätowierwerkzeug durch die Welt ziehen und sich mal hier, mal dort für ein paar Wo-chen oder Monate in einem Geschäft einquartieren. Bei Classic Tat-

too hatten wir schon Gasttätowierer aus den USA, Israel und Brasilien – um nur die »großen drei« zu nennen. Ähnlich wie die Kategorie der Künstler profiliert sich auch die Zunft der Nomaden, indem sie sich auf bestimmte Stile einschießt, je exotischer, desto vorteilhafter. Wenn ein Laden zum Beispiel keinen Dotwork-Profi unter den Angestellten hat, wird er einen Gasttätowierer mit dieser Spezialität mit Freude anheuern. So beleben die Nadel-Vagabunden nicht nur ihr eigenes Leben, sondern auch den Markt. Wer sich irgendwann einen richtig guten Ruf erarbeitet hat, kann den Balanceakt wagen, als reiner Convention-Tätowierer sein Brot zu verdienen. Diese Spezies bietet ihre Dienste ausschließlich auf Tattoo-Messen an. Der Raritätenwert treibt die Preise in die Höhe, und das Nomaden-Gen tanzt permanent Samba.

Welcher Kundentyp passt am besten zu den Tattoo-Nomaden (ein Typ)?
U – Die Unentschlossenen
M – Die Entschlossenen
G – Die Kreativen
T – Die Anspruchsvollen
V- Die Anspruchslosen
Z – Der Nachmacher
I – Die Emotionalen

Die Dienstleister
Sie sind keine großen Zeichner, sie sind keine Supertechniker, aber mit Kunden umgehen, das können sie. Dazu gehört auch, dass sie sich ihrer begrenzten künstlerischen Fähigkeiten bewusst sind und nicht damit hinterm Berg halten. Wenn jemand ein Porträt oder ein Anatomie-Tattoo von ihnen haben will, lehnen sie ab

und verweisen den Kunden an einen Kollegen. Aber wenn es um Kleinmotive, Old-School-Standards, Tribals oder Schriften geht, sind sie am Start und machen nicht nur solide Arbeit, sondern beherrschen auch jene Kunst, die beim Tätowieren oft mindestens genauso wichtig ist wie das Bilderkratzen: zuhören und auf die Bedürfnisse des Kunden eingehen. Hier kommt der psychologische Aspekt unseres Berufs zum Tragen: Es gibt mehr Kunden, die lieber mit einem durchschnittlichen Tattoo herumlaufen, dessen Entstehung mit einer einzigartigen zwischenmenschlichen Erfahrung verbunden ist, als solche, die eine unangenehme oder angespannte Sitzung für ein perfektes Bild in Kauf nehmen. Dafür spricht allein, dass gerade die Leute, die mit schlechten Tattoos gestraft sind, ihre Tattoos am leidenschaftlichsten verteidigen, weil sie damit persönlich ganz viel Positives verbinden. Entweder war das Motiv die Erfüllung eines Jugendtraums, oder die allererste große Liebe hat's entworfen, oder … tja, oder der Tätowierer, der's gestochen hat, war ein cooler Typ, der zuvor schon Oma und Opa tätowiert hat – ein Zeichen dafür, dass man an einen Top-Dienstleister geraten ist, sonst hätte er sich nicht so lange im Geschäft gehalten und so treue Stammkunden erarbeitet.

Welche Kundentypen passen am besten zu den Dienstleistern (zwei Typen)?
A – Die Unentschlossenen
E – Die Entschlossenen
L – Die Kreativen
D – Die Anspruchsvollen
U- Die Anspruchslosen
T- Der Nachmacher
O – Die Emotionalen

Die Amateure

Ihr erinnert euch an den Burschi aus dem Vorwort? Der mit dem Auto auf dem Bauch – oder war es doch ein Krokodil? Egal. Zumindest hat dieser Typ erzählt, dass ihm das Tattoo ein Kumpel gestochen hat, der »nicht so richtig offiziell mit Laden und so« arbeite, aber »auch Tätowierer ist«. Ohne diesen Kumpel je persönlich kennengelernt zu haben, kann ich über ihn sagen, dass er in die Kategorie der Amateure gehört. Nicht nur, weil seine zeichnerischen Fähigkeiten ganz offensichtlich sehr beschränkt waren, sondern auch weil er das Krokodil-Auto auf einer Party gestochen hat. Kein professioneller Tätowierer würde inmitten einer Horde feiernder Jugendlicher ein Tattoo auf den Bauch seines Freundes stechen. Erstens, weil er wüsste, dass die hygienischen Rahmenbedingungen zu bedenklich wären; zweitens, weil er es gar nicht nötig hätte. Wenn man ein Studio zur Verfügung und einen mit Sitzungen vollgeballerten Terminkalender hat, dann kommt man nicht auf die Idee, auch noch in der Freizeit nach dem fünften Jägermeister und vor dem nächsten Absturz ein Tattoo stechen zu müssen. Man will ja irgendwann auch mal Feierabend haben. Wenn man aber im Berufsleben tagsüber Steine schleppt und seine Freizeit dazu nutzt, mal ein bisschen mit einer Tätowiermaschine rumzuspielen, die man sich vom letzten Gehalt bei eBay bestellt hat, sieht die Sache natürlich anders aus. Leider ist dieses »Hobby« mittlerweile ziemlich verbreitet und die Zunft der Amateur-Tätowierer erschreckend breit aufgestellt. Das wäre nicht so schlimm, wenn sie wissen würden, was sie tun. Aber das ist offensichtlich nicht der Fall, sonst würden nicht so viele Leute mit komplett verhauenen Bildern in meinen Laden kommen, die sie entfernt oder zumindest gecovert haben möchten. Ich kann dazu nur sagen: Wenn ihr euren Feierabend schon mit Tätowierübungen verbringen müsst, dann macht sie im Interesse eures Freundeskreises bitte auf eurem eigenen Körper!

Die Neo-Geeks

Da schießt jemand mit Jutebeutel, Mädchenjacke, Hochwasserhose, verschiedenfarbigen Ringelsocken und einer pinkfarbenen Locke auf dem Kopf durch die Gegend, hat neben großflächigen Tätowierungen zusätzlich ein paar Piercings und Bodymodifications und benutzt mit Vorliebe vegane Tätowierfarben? Dann bist du mit hoher Wahrscheinlichkeit an einem der jungen Neo-Geeks geraten, die derzeit den Tattoo-Markt als Ventil für ihre Kunst entdecken und die Szene damit massiv verändern. Über solche Jungs lachte die alte Garde anfangs. Sobald die Neo-Geeks anfangen zu zeichnen, spielen ihre kauzigen Outfits im Glanz der abgefahrenen Bilder, die sie auf die Haut ihrer Kunden zaubern, plötzlich keine Rolle mehr. Die Meisterwerke der New School, die den Tattoo-Zeitgeist derzeit stark prägen, stammen vor allem von dieser Gruppe. Und auch wenn die Neo-Geeks wegen ihrer modischen Allüren und ihrer Schwäche für schöne Dinge eine Sensibelchen-Aura vor sich herschieben, können sie auch saufen wie die Löcher und feiern jedes Wochenende die Nächte durch.

Welcher Kundentyp passt am besten zu den Neo-Geeks (ein Typ)?
A – Die Unentschlossenen
W – Die Entschlossenen
E – Die Kreativen
T – Die Anspruchsvollen
Y- Die Anspruchslosen
G – Der Nachmacher
I – Die Emotionalen

WER PASST ZU WEM?

Krause vergibt Zeugnisse! Hätte ich auch nicht gedacht, dass ich so was irgendwann mal sage. Aber so ernst ist es ja auch nicht gemeint. Um ehrlich zu sein, habe ich den Test erst entworfen und dann ein paar Tage liegen lassen. Als ich ihn danach zur Sicherheit noch mal ausprobiert habe, wäre ich beinahe selbst durchgerasselt. Bei so vielen Kundentypen ist es okay, wenn man mal durcheinanderkommt, also mach dir keine Gedanken, wenn du Buchstabensalat herausbekommen hast. Jedoch: Bei allen, die einen klaren Kopf behalten haben, müssten die Buchstaben der angekreuzten Lösungen von oben nach unten gelesen das Wort »Diplomatie« ergeben haben. Nettes Wortspiel im Zusammenhang mit dem Shopguide-Diplom, vor allem aber die Benennung der Haupttugend eines Shopguides: Er muss respektvoll mit den Macken und Zicken der Kunden umgehen und die Leute trotzdem in ihre Schranken weisen. Das schafft man nur mit diplomatischem Geschick. Mithilfe der folgenden Auflösungen kannst du deine Fertigkeiten weiter verfeinern. Nur eins noch: Auch wer mit seinen Antworten konsequent danebengelegen hat, müsste ein Wort herausbekommen haben. Es benennt konsequenterweise das, was ein Shopguide definitiv nicht sein sollte: »ungeduldig«. Und damit zu den Lösungen:

Künstler
Top-Kombi: Anspruchsvolle und Emotionale
No-Go: Kreative und Anspruchslose
Der Künstler weiß, was er kann und was er tut. Deshalb hat er gerne Leute vor sich, denen es genauso geht. Das ist sowohl bei den Anspruchsvollen als auch bei den Emotionalen der Fall – wenn auch in unterschiedlicher Ausprägung. Die zweite Gruppe verarbeitet mit ihrem Tattoo eine bestimmte Erfahrung. Das Motiv ist dabei in der Regel vom jeweiligen Ereignis vorgeschrieben, aber in welcher Finesse es umgesetzt wird, liegt in der Hand des Künstlers. Er hat also genug Freiheiten, um sich austoben zu können, gleichzeitig aber einen Kunden, der seine Arbeit aufgrund der emotionalen Bindung an das Motiv stark wertschätzt. Das schmeichelt der künstlerischen Eitelkeit. Bei den Anspruchsvollen bedarf es eines Könners, der sich nicht von ihren übertriebenen Forderungen einschüchtern lässt. Stattdessen muss er sie durch seine Fähigkeiten zum Verstummen bringen. Das kriegen nur echte Künstler hin.

Zu den No-Go-Kombis: Künstler und Kreative sind wie zwei Pluspole bei Magneten: Sie kommen schwer zusammen. Stattdessen kriegen sie sich meist in die Haare, weil jeder versucht, seine eigene Vision durchzudrücken. Anspruchslose schätzen die Arbeit des Tätowierers zu wenig, und wenn ein Künstler das Gefühl hat, an einem Kunden sein Talent zu verschwenden, ist schlechte Stimmung vorprogrammiert.

Allrounder
Top-Kombi: Unentschlossene und Kreative
No-Go: Anspruchsvolle und Anspruchslose

Wer unentschlossen ist und in der Luft hängt, kann viele Bauchlandungen erleben, aber von einem Allrounder wird er garantiert aufgefangen. Dessen Berufserfahrung schafft das nötige Vertrauen und seine Flexibilität hilft dabei, die Vielzahl unkonkreter Vorstellungen auf einen gemeinsamen Nenner zu bringen. Ähnlich ist es bei den Kreativen: Sie haben mit einem Allrounder einen Routinier vor sich, der ihrem übersprudelnden Ideenreichtum gerecht werden kann, ohne dabei seine künstlerische Integrität infrage gestellt zu sehen – beste Voraussetzungen für ein gutes Endergebnis.

Nicht so bei Anspruchsvollen und Anspruchslosen: Die Ersten misstrauen der stilistischen Wendigkeit der Allrounder, weil sie denken, nur durch Spezialisierung bekäme man Qualität. Die Anspruchslosen dagegen bringen durch ihren Mangel an Konzepten auch den Tätowierer ins Schlingern, weil er es nicht gewohnt ist, den Kunden seinen Stil aufzudrücken.

Veteranen
Top-Kombi: Die Entschlossenen
No-Go: Die Anspruchsvollen

In diesem Fall funktioniert am besten das Ausschlussverfahren. Die alten Tätowierer-Haudegen sind für die Unentschlossenen und Emotionalen zu unsensibel, für die Kreativen und Anspruchsvollen zu eingefahren, für die Anspruchsvollen und Nachmacher zu beratungsunfreudig. Bleiben nur noch die Entschlossenen über. Sie sind Typen, die ein Tattoo und kein großes Gelaber wollen. So was sind die Veteranen gewohnt, denn in den guten, alten Rock'n'Roll-Zeiten hatten sie so gut wie ausschließlich solche Kunden. Dass sie durch diese Einstellung mit den überkandidelten Anspruchsvollen am allerwenigsten klarkommen, versteht sich von selbst.

Tattoo-Nomaden
Top-Kombi: Die Entschlossenen
No-Go: Die Unentschlossenen

Tattoo-Nomaden sind normalerweise einfühlsame Typen, die sich schon aufgrund ihres Wandervogel-Gens schnell auf neue Umstände einstellen können. Diese Eigenschaft gilt aber nur für die wenigsten Kunden. Um das Vertrauen aufzubauen, das ein Tätowierer-Kunden-Verhältnis auszeichnen sollte, erwarten viele eine Beständigkeit, die Nomaden nicht bieten können. Deshalb besteht auch hier die größte Schnittmenge mit den Entschlossenen, bei denen der akute Tattoo-Wunsch über Zukunftsgedanken und Zweifel erhaben ist. Umgekehrt sollte man nie einen Unentschlossenen und einen Nomaden zusammensetzen; ihm wird bei diesem Tätowierertypen der nötige Halt fehlen.

Dienstleister
Top-Kombi: Unentschlossene und Nachmacher
No-Go: Kreative und Anspruchsvolle

Gute Beratung und das Eingehen auf Kunden sind die Stärken des Dienstleisters, deshalb sind bei ihm vor allem unsichere Kandidaten gut aufgehoben, sprich: Unentschlossene und Nachmacher. Diese Gruppen sind nicht auf der Suche nach Originalität, sondern nach sich selbst. Bei dieser Suche hilft ein intensives Gespräch während des Tätowierens oft mehr weiter als das dabei entstehende Tattoo. Die Arbeit wird Mittel zum Zweck, und da der Dienstleister abgeklärt genug ist, um sich darüber im Klaren zu sein, wird er die Situation im Interesse seiner Kunden nicht ausnutzen. Ebenso wenig wie er Kreative und Anspruchsvolle auf seinen Stuhl lässt, weil er weiß, dass er deren Ansprüchen rein technisch nicht gerecht werden kann.

Die Amateure
Top-Kombi: Die Anspruchslosen
No-Go: Die Unentschlossenen

Ganz ehrlich: Eigentlich war das eine Scherzfrage. Die Kundenform, der ich zum Besuch bei einem Amateur rate, muss extrem verachtungswürdig sein und erst noch geboren werden. Wenn die Hobby-Stecher aber doch wieder zuschlagen, kann ich nur hoffen, dass sie es bei einem anspruchslosen Kandidaten tun. Der leidet später wenigstens nicht unter dem Stümper-Tattoo, mit dem er für den Rest seines Lebens herumlaufen muss. Leider zeigt die Erfahrung, dass sich Amateure sehr häufig an Unentschlossenen vergreifen, die sich aus Unsicherheit zu allem möglichen Mist überreden lassen. Für mich die schlimmste Konstellation, weil dort der unfaire Kampf Fahrlässigkeit gegen Wankelmut zuungunsten des Schwächeren ausgeht.

Die Neo-Geeks
Top-Kombi: Die Kreativen
No-Go: Die Nachmacher

Willkommen beim Jugendtag! Die Erklärung dieser Top-Kombi lässt sich meist durch das Alter ihrer Protagonisten erklären, denn obwohl die Neo-Geeks sich ihrer Fähigkeiten durchaus bewusst sind, sind sie vor allem jung und begierig darauf, neue Erfahrungen zu sammeln. Das heißt, dass sie sich im Gegensatz zu den Künstlern gerne von der Kreativität anderer Menschen herausfordern lassen. Bei jüngeren Kollegen habe ich schon oft erlebt, wie die Sitzungen zu regelrechten Tauziehorgien um die abgefahrenen Ideen ausgeartet sind. Als Zuschauer steigt man da schnell aus, aber die die Beteiligten steigern sich in strudelartige Euphoriestürme hinein, und die sind beim Tätowieren immer top.

Gar keine Euphorie kommt bei Neo-Geeks und Nachmachern auf: Sie haben einander nichts zu sagen. Der Erste findet die Wün-

sche des Zweiten langweilig, aber wenn er versucht, Gegenvor-
schläge zu machen, überfordert er ihn nur. Heißt: entweder gäh-
nen oder gehen.

Und nun genug gebüffelt! Ich räume für ein paar Seiten das Feld
und überlasse es einer Frau, die *Berlin Tag & Nacht* groß und *Köln
50667* überhaupt erst möglich gemacht hat: Pia Tillmann. Viele
kennen sie besser unter ihrem Seriennamen Meike. Für mich ist
sie einfach eine coole Freundin, die Tattoos als das begriffen hat,
was sie sind: Zeitzeugen der eigenen Biografie. Ich hatte die Ehre,
selbst ein paar Bilder auf ihren Körper zu kratzen – inklusive einer
Panne. Aber davon wird sie euch gleich selbst erzählen. Also: Umblättern und erfahren, wie ein fester Wille und ein guter Humor
zu einem ausgeglichenen Verhältnis mit den eigenen Tattoo-Sünden führen kann.

6.

Krauses Family: Pia Tillmann

»Mein Arschgeweih sitzt zwei Etagen höher«

Als »Meike Weber« aus *Berlin – Tag & Nacht* und *Köln 50667* wurde Pia Tillmann berühmt, inzwischen moderiert sie unter ihrem bürgerlichen Namen die RTL-2-Show *Columbus – Das Erlebnismagazin*. Hier berichtet die fashionverrückte Wahlkölnerin über ihr erstes Tattoo und ihre letzten Tabuzonen.

Ich will ehrlich sein: Mit Krause verbinden mich mehr nächtliche Eskapaden mit jeder Menge Jägermeister und guter Musik als Tätowiererlebnisse, aber auch davon gibt's ein paar. In der Zeit, als wir zusammen *Berlin Tag & Nacht* gedreht haben, hat er mir zum Beispiel die Initialen meiner Eltern und meines Bruders auf den linken Arm tätowiert. Und einen Föhn, der steht für meine beste Freundin, die Frisörin ist. Auch das »Nein« auf dem rechten und das »Ja« auf dem linken Handgelenk hat Krause gemacht. Diese Tattoos erinnern mich daran, dass die Herzseite meistens recht hat und dass man nur mit klaren Ansagen vorwärtskommt. Kleine Entscheidungshilfe für unentschlossene Augenblicke. Eine Panne hatten wir, als er mir einen Schriftzug auf den Rippenbogen gestochen hat. Das hat zwischendurch so verdammt wehgetan, dass ich zusammengezuckt bin und die Maschine abgerutscht ist. Krause hat richtig geschimpft. Er hat es dann so gut es ging ausgebessert, aber eine kleine Lücke ist an der Stelle immer noch zu sehen. Für mich ist sie eine Erinnerung an den Schmerz und die Situation. Kleine Fehler können einem Tattoo ja auch Charakter verleihen. Generell bin ich nicht der Typ, der im Nachhinein mit seinen Tattoos hadert, deshalb lehne ich Covern oder Lasern für mich selbst auch ab. Irgendwie haben alle meine Tattoos eine Bedeutung, die ich später nicht negieren muss und will.

Mein persönliches Arschgeweih ist dafür ein gutes Beispiel. Es ist kein Tribal, sondern eine Rose und es sitzt nicht auf dem Steiß, sondern zwei Etagen höher zwischen den Schulterblättern. Ganz klar: Ich würde mir das heute nicht mehr so stechen lassen und war eine Zeit lang drauf und dran, es zu covern. Aber dann hab ich mir gedacht: »Hey, das war dein erstes Tattoo, es gehört zu deinem Leben, und immerhin markiert es den Anfang eines Prozesses, der bis heute nicht vorbei ist. Dann kannst du auch dazu stehen.«

Also alles auf Anfang: In meiner Familie gab und gibt es keine Tätowierungen, und soweit ich mich erinnern kann, wollte ich als Kind auch nie welche haben – obwohl ich noch weiß, wie ich einmal fasziniert einen stark tätowierten Typen am Strand beobachtet und zu meiner Mutter gesagt habe: »Guck mal, der Mann hat ein ganzes Bilderbuch auf dem Körper.«

Bei mir selbst ging es an meinem 17. Geburtstag los: Ich hab mich damals viel in der Punkszene rumgetrieben, hatte oft mit Älteren zu tun und war dementsprechend häufig mit Tattoos konfrontiert. Dass ich schließlich selbst mein erstes bekommen habe, war kurioserweise elterliche Schuld. Ich hatte mir zum Geburtstag ein Piercing gewünscht, Unterlippe seitlich. Der Kommentar meiner Ma lautete: »Nee, Piercing ist nicht. Aber du kannst dich stattdessen tätowieren lassen, ich zahl das.«

Die Logik, die dahintersteckt, habe ich bis heute nicht verstanden, aber genau so ist es passiert. Ich habe einen Freund gefragt, der auch tätowiert war, wo man hingehen könnte, hab mir ein paar Gedanken über Motiv und Körperstelle gemacht und bin dann in den empfohlenen Laden gestiefelt – zusammen mit meiner Mutter, die beim Termin dabei war und danach artig gezahlt hat. War schon cool von ihr. Sie fand die Rose auch schön. Vermutlich hat sie geglaubt, dass sie mir durch die Flucht nach vorne weitere Tätowierungen austreiben könnte, denn als später immer mehr dazukamen, gab es schon die üblichen Einwände, die man von Eltern erwartet: »Kind, pass auf! Wer weiß, was du später mal beruflich machst!«, und so weiter. Inzwischen ist aber alles cool.

Das Unterlippen-Piercing hab ich mir pünktlich zu meinem 18. Geburtstag natürlich doch noch machen lassen. Ohnehin hatte ich eine Zeit lang eine Menge Metall im Gesicht, aber je älter ich wurde, desto weniger Bock hatte ich auf Piercings. Ich fand sie irgendwann nicht mehr schön. Mit den Tattoos ist das anders, obwohl ich auch dort dazugelernt habe. Ich würde mir zum Beispiel keine Namen von Lovern mehr stechen lassen. Zwar hoffe ich nach wie vor darauf, dass die Liebe ewig hält, aber ich habe erkennen müssen, dass sie auch sehr schnell wieder vorbei sein kann. Ebenso wenig würde ich mich noch mal als Versuchskaninchen für einen Tattoo-Azubi zur Verfügung stellen. Das habe ich einmal bei einem Kumpel getan. Mein Motivwunsch war ein Rasiermesser mit einem Frauenbein als Griff. Davon war er überfordert, und es sah am Ende nicht aus, als würde das Bein aus der Klinge rausgucken, sondern als würde eine riesige Klinge aus dem Arsch der Frau ragen. Es ist fast schon wieder lustig, und es gibt weiß Gott Schlimmeres, aber ein erfahrener Tätowierer hätte es tausendmal besser hinbekommen. Ein dritter Punkt sind gewisse Körperstellen, an denen ich mich wegen der Schmerzen nicht noch mal piksen lassen würde. Zwar habe ich meine Techniken mit Schmerz umzugehen (an etwas Schönes denken, tief ein- und laut ausatmen, Pausen vermeiden), aber neben dem Rippenbogen waren vor allem die Nierengegend und der Rücken die Hölle. Letzterer war lange mein Tattoo-Traum, aber wenn ich vorher gewusst hätte, wie weh das tut, hätte ich es gelassen.

Wenn mich heute Tattoo-Anfänger fragen, welchen Ratschlag ich ihnen geben kann, habe ich drei Tipps:

Erstens: Überleg dir das Motiv sorgfältig und versuch immer, eine persönliche Komponente hineinzubringen. Tattoos, die überhaupt nichts Eigenes haben, sondern nur von anderen abgeguckt oder aus dem Katalog ausgesucht sind, bereut man am schnellsten.

Zweitens: Guck dir zuerst ausgiebig Arbeiten deines Tätowierers an, bevor du dich bei ihm auf die Liege legst.

Drittens: Achte darauf, dass die Harmonie stimmt. Ich finde es superwichtig, dass Tätowierer und Kunde sich sympathisch sind. Es gibt nichts Schlimmeres als zwei Stunden mit jemandem in einem Raum zu verbringen, mit dem man nicht mal übers Wetter schnacken kann. Das heißt nicht, dass enge Freundschaften entstehen müssen, aber ein Kumpelverhältnis sollte es schon sein. Mein heutiger Stammtätowierer ist ein irrer Freak, der auf den ersten Blick aussieht wie ein Penner und beim Tätowieren zu lauter Mucke rumtanzt und ausrastet. Ich fühle mich bei so etwas wohl, habe bei ihm nicht eine einzige blöde Erfahrung gehabt und finde seine Arbeit unfassbar gut. Ein Idealfall.

Ansonsten steck dir klare Grenzen und lass dich nicht bequatschen. Jeder hat seine No-Gos. Ich würde zum Beispiel nie mein Dekolleté tätowieren lassen. Bei Frauen mit wenig Oberweite finde ich das schön und nachvollziehbar. Ich selbst habe etwas mehr, und in so einem Fall sehen Tattoos an dieser Stelle sehr schnell nach »Los, glotz mir auf die Brüste!« aus. Muss ich nicht haben. Genauso wenig wie die Wahl eines Lieblingstattoos: Irgendwie wäre das unfair und würde den anderen Bildern nicht gerecht werden. Die Sachen, die ich habe, liebe ich auch.

7.

Ja, es tut weh! – Schmerzen und wie wir ihrer Herr werden

Der erste Satz aus der Überschrift dieses Kapitels tauchte schon mal im Vorwort auf. Wenn es nach mir gegangen wäre, hätte das ganze Buch so geheißen, aber das fanden die Leute im Verlag zu unlustig, und damit haben sie recht. Das ändert aber nichts daran, dass »Ja, es tut weh!« immer noch die häufigste Antwort ist, die ich in meinem Tätowiereralltag geben muss – weil nun mal die häufigste Frage lautet: »Tut tätowieren denn weh?«. Irgendwie scheinen viele zu denken, dass Tattoos heutzutage nur noch dann ihren Betrachtern Qualen bereiten, wenn sie scheiße geworden sind. Dass das nicht so ist, verdeutlicht das Beispiel von Pias Rippenbogen ganz anschaulich, zumal diese Frau nicht gerade zimperlich ist, wenn es um das Wegstecken von Schmerzen geht. Hat sie also nicht alle Tassen im Schrank, dass sie sich trotzdem immer wieder unter die Nadel legt? Und sollte man das mit dem Tätowieren nicht eigentlich ganz lassen und sich damit unnötige Unannehmlichkeiten ersparen? Zweimal Nein: Weil Vermeidungsstrategien im Leben nur dazu führen, dass man sich irgendwann überhaupt nichts mehr traut. Leben tut weh, Leute! Immer wieder, immer öfter und egal, ob man im goldenen Käfig lebt oder in freier Wildbahn. Insofern gehört die Auseinandersetzung mit Schmerzen zu einer vernünftigen Tattoo-Sitzung für mich sogar dazu. Mein Standpunkt ist: Mit Tattoos ist es wie mit Kinderkriegen: Wenn es nicht wehtut, kann man es nicht richtig lieb haben. Nicht dass ich das mit dem Kinderkriegen aus eigener Erfahrung beurteilen könnte, aber bei Tattoo-Sitzungen werden viele weibliche Kunden redselig und ich hab von ihnen jede Menge über das Ertragen von Schmerzen gelernt. Dazu gehört auch, dass Frauen generell viel härter im Nehmen sind als Männer, deshalb kriegen sie ja die Kinder. Aber auch das habe ich schon so oft gesagt, dass es keinen mehr überrascht. Widmen wir uns also lieber der konstruktiven Seite des Umgangs mit Schmerz und ein paar Methoden, mit ihm umzugehen:

Schritt eins: Die Faustregel

Gängige Schmerzstellen sind die Kniekehlen, die inneren Oberschenkel, der Innenarm, die kurzen Rippen, die Leiste und die Genitalbereiche. Wenn du dann noch die Fußsohlen und den Kopf dazunimmst, bist du echt hart aufgestellt. Anfängern würde ich generell davon abraten, sich an diesen Stellen tätowieren zu lassen, auch wenn ich den inneren Oberarm gerade Tattoo-Anfängern eigentlich als eine gute Stelle empfehle, weil man das Tattoo nicht zwangsläufig immer sieht, aber damit gute Akzente setzen kann, wenn man es zeigen will.

Da am Ende aber jeder Mensch unterschiedlich auf Schmerz reagiert, ist die eigentliche Faustregel der Selbsttest: Überall dort, wo du dir über den Körper streichst und kitzelig reagierst, Gänsehaut bekommst oder besonders sensibel bist, sind die Stellen, die auch beim Tätowieren besonders hart sein werden. Ausprobieren!

Schritt zwei: Die Kopfarbeit

Schmerz kommt aus dem Kopf und findet im Kopf statt. Dort verkrampft man sich, und dort entspannt man sich. Es kommt also ganz wesentlich darauf an, wie du drauf bist: Bist du ein Typ, der sich in Schmerzen reinsteigert, in Abwehrhaltung die Muskeln verspannt, die Luft anhält und sich nur noch vor Augen führt, dass da gerade eine Nadel durch die Haut mäht? Dann wird Tätowieren für dich und deinen Tätowierer immer ein Desaster sein. Du wirst dich wegducken, rumwackeln, Pausen fordern und das Elend damit nur unnötig in die Länge ziehen. Oder bist du der Typ, der sich auf die Situation einlässt und dem ersten Stich nicht mit Krampfen, sondern mit Loslassen und tief Durchatmen begegnet? Dann wirst du eine entspannte. Sitzung haben. Denn: Schmerz lässt sich am besten mit der Bereitschaft bekämpfen, sich in ihn hineinzufinden. Am Anfang sind Schmerzen immer schlimm, aber wenn man sich nicht gegen sie wehrt, stellt sich der Kopf darauf ein, und Entspannung kann einsetzen. Insofern ist das Schmerzempfinden auch tagesformabhängig: Ich habe vorhin schon gesagt, dass die ideale Tattoo-Sitzung frei von Stress, Kater und Müdigkeit sein sollte. Dazu stehe ich, aber wo wir sowieso gerade die Typfrage stellen, gebe ich zu, dass ich in diesem Punkt die Ausnahme meiner eigenen Regel darstelle: Ich bin eine Mimose, und ich bin ein Typ, der schnell verkrampft. Deshalb ertrage ich Tätowieren entgegen meinen eigenen Predigten nicht am besten, wenn ich ausgeruht bin und mich stark fühle, sondern wenn ich total platt und ausgepowert bin, eben weil ich dann keine Kraft habe. Und wenn ich keine Kraft habe, kann ich nicht krampfen, sondern gebe mich einfach hin. Und genau das sollte man tun: sich hingeben, es ertragen und ruhig atmen.

Schritt drei: Gegenmaßnahmen

Salben
Es gibt verschiedenste Salben, die den Schmerz unterbinden sollen. Die wohl bekanntesten sind Lidocain- und Emla-Salbe. Beide

trägt man vor der Sitzung auf die Haut auf, verschließt die betreffende Stelle luftdicht mit Folie und lässt die Salbe ein bis zwei Stunden einwirken. Danach ist die Hautoberfläche mehr oder weniger komplett taub. Man hat also tatsächlich keine Schmerzen. So weit die gute Nachricht, und damit zu den schlechten:

Erstens: Für den Tätowierer ist die Arbeit mit auf diese Weise behandelter Haut nicht angenehm. Die Salbe lässt die Haut aufquellen, deshalb ist es schwieriger, Linien zu ziehen, die auch nach dem Abschwellen noch komplett gerade sind. Außerdem wird die Farbe unter diesen Umständen nicht so gut angenommen.

Zweitens: Nach einer knappen Stunde lässt die Wirkung nach, und der Schmerz kehrt mit voller Wucht zurück. Wenn die Tattoo-Sitzung dann bereits vorbei ist, müssen Emla-Kandidaten mit dem Hochkochen des »Schmerzes danach« klarkommen. Ob sich das lohnt, muss jeder selbst wissen. Ich persönlich finde es schöner, wenn der Schmerz nach der Sitzung nur noch nachlässt, anstatt zuzunehmen, aber das ist Geschmackssache. Auf keinen Fall zu empfehlen ist aber eine Emla-gepowerte Tattoo-Sitzung, die über den Wirkungszeitraum der Creme hinaus andauert: Es ist die Hölle, wenn die Betäubung nachlässt, aber die Nadel weiterrattert. Dann fühlt sich jede Linie an, als würde der Tätowierer mitten in einen harten Sonnenbrand stechen. Für längere Sitzungen also ein No-Go.

Hypnose

Ganz ehrlich: Meiner Meinung nach gehört diese Praktik im Zusammenhang mit Tätowieren verboten. Nicht nur weil ich es für absoluten Nepp halte, was Hypnotiseure ihren Kunden an Geld abknöpfen, sondern auch weil ich eine Tattoo-Sitzung mit einem weggetretenen Kunden für unverantwortlich halte. Ein Tätowierer muss die Möglichkeit haben, zwischendurch das Wohlbefinden des Kunden zu checken. Geht's dem scheiße? Fällt der in

Ohnmacht? Was macht sein Kreislauf? Diese Dinge kann man nicht abfragen, wenn man es mit einem Menschen zu tun hat, der weggebeamt vor einem Pendel sitzt und schläft. Jetzt rufen ein paar neunmalkluge Kandidaten: »Blödes Klischee! Man kann doch auch einzelne Körperteile hypnotisieren.«

Da rufe ich zurück: »Ich weiß!«. Allerdings kontere ich auch gleich mit einer Geschichte aus dem Nähkästchen: Ich hatte mal eine Kundin, die ihren Hypnotiseur mit in den Laden brachte und ihn aufforderte, den Arm zu hypnotisieren, auf dem sie tätowiert werden wollte. Nur den Arm, wohlgemerkt, sie selbst wollte bewusst dabei sein. Nun gut, hat der Hypnotiseur also losgelegt. Komischer Typ; sah aus, als ob er im vorigen Leben Möbel geschleppt hätte und dann nach einem Esoterikseminar an der Volkshochschule zum Hypnotiseur umgesattelt hätte. Die Frau saß mit geschlossenen Augen da und ließ sich von ihm verbal einlullen. Kein Magiescheiß mit Pendel oder Zauberstab, nur sanftes Gerede nach dem Motto: »Du spürst mich nicht, du hörst mich nicht, du siehst mich nicht!«

Eine volle Stunde lang haben die beiden diesen Arm besprochen und geknetet, um ihn endlich taub zu bekommen. Dann waren sie so weit, der Arm war flachgelegt, sie hat die Augen wieder geöffnet, und es sollte losgehen. Voller Spannung glotzte sie auf die Stelle am Innenarm, wo ich ihr eine Siamkatze hinmalen sollte. Ich hab noch gedacht, dass ich als Revanche für die verplemperte Zeit auch extrahart drauflos dremmeln könnte und sie es sowieso nicht merken würde, aber ich hab mich eines Besseren besonnen und die Maschine aus Respekt vor der andächtigen Situation extrazart eingestellt.

Ein letzter Blick.

Ein kurzes Lächeln.

Die fast schon geflüsterte Frage: »Kann's losgehen?«

Ein würdevolles Nicken.

Und dann … KREISCH! Der Augenblick, in dem die Nadel die Haut berührte, wurde von einem ohrenbetäubenden Schrei begleitet, die Frau zuckte wie von der Tarantel gestochen zurück, und die andächtige Stimmung war vorbei. Die Tattoo-Sitzung auch. Eins muss man dieser Frau lassen: Sie hatte Prinzipien. Und eins lautete: Keine Hypnose, kein Tattoo. Und wenn jetzt noch irgendein neunmalkluger Kandidat was zu sagen hat, könnte es sein, dass ich doch noch extrahart drauflos dremmele.

Meditation

Bevor mir jetzt jemand vorwirft, ich hätte eine destruktive Haltung gegenüber Spiritualität, komme ich zu einer Maßnahme, die ich für sinnvoll und gut halte: mentale Vorbereitung und Meditation. Atemübungen, runterschwingen, locker lassen – mache ich immer, bevor ich tätowiert werde. Das ist meine persönliche Schwangerschaftsgymnastik. Irgendwie ist ja auch jedes neue Tattoo ein bisschen wie ein neues Kind, und Schwangere machen in ihren Geburtsvorbereitungskursen auch nichts anderes als einpegeln und atmen lernen. Das heißt nicht, dass man sich beim Tätowieren einen abhecheln sollte, aber das Prinzip einer tiefen, beruhigenden Atmung kann man sich definitiv abgucken.

Narkose

Die Profi-Alternative zur Emla-Salbe: eine Oberflächennarkose, die per Spritze gesetzt wird. Das dürfen Tätowierer nicht selbst tun und werden es auch nicht: Neunzig Prozent der Tätowierer sind so drauf wie ich und sagen: »Tätowieren tut weh. Entweder du erträgst das, oder du lässt es.« Wenn eine solche Maßnahme zum Service dazugehört, sollte man als Kunde eher misstrauisch werden, denn man hat es garantiert mit einem Quacksalber zu tun. Wer sich trotzdem eine Spritze setzen lassen will, muss das von einem Arzt erledigen lassen. Das heißt: Extrakosten. Einen

Narkose-Doktor mit zur Tattoo-Sitzung zu bringen kostet eine saftige Stange Geld, und in der Regel zahlt man für die Maßnahme mehr als für das Tattoo. Wer zu viel Geld hat – okay.

Ablenkung

Was beruhigt dich? Was lenkt dich von Nöten, Sorgen, Qualen oder Kummer ab? Auf diese simplen Methoden kann man in den meisten Fällen auch beim Tätowieren zurückgreifen. Redest du wie ein Wasserfall? Hältst du Händchen mit deinem Partner? Guckst du fern? Hörst du Musik? All das sind Dinge, die du vorher mit deinem Tätowierer besprechen kannst. Wenn er darauf eingeht, ist das ein gutes Zeichen für eine gemeinsame Wellenlänge. Wenn er abblockt, passt ihr vermutlich nicht zusammen. Auch eine Ablenkungsmethode: Wir haben im Laden immer ein paar Igelbälle aus Plastik am Start. Die sind eigentlich für Hunde und Katzen zum Spielen gedacht, aber sie eignen sich wunderbar als Blitzableiter für Schmerzen. Wenn du dem Schmerz, den die Nadel verursacht, einen sensuellen Kontrapunkt setzt, indem du in deiner Faust einen Igelball zusammendrückst, steuerst du gegen. Oder auf gut Deutsch: Du bekämpfst einen Schmerz mit einem anderen Reiz und machst dadurch Ersteren erträglicher.

Rituale

Manche Leute machen ein Riesenprozedere aus dem Tätowieren. Die gehen erst aufs Klo, ziehen sich extra um, bringen ihr eigenes Handtuch, ihre eigene Pflegecreme und ihr eigenes Pflaster mit, und sie haben in der Regel Talismane dabei. Ich hatte mal ein Mädchen, das brachte immer ein Einhornplüschtier mit zum Tätowieren, während es sich den ganzen Rücken voller Elfen malen ließ. Andere stellen Bilder ihrer Familie, ihrer Idole oder ihrer Haustiere auf und nehmen während der Sitzung zu denen Kontakt auf.

Grundsätzlich gilt: Alles, was dir im Kopf hilft und nicht den Hygienevorschriften oder der Wundbehandlung abträglich ist, ist gut. Egal wie albern es sich im ersten Moment anfühlen mag. Wenn dein Schnuffelkissen aus Kindertagen dir dabei hilft, eine Tattoo-Sitzung besser zu überstehen, dann bring es mit. Jeder Tätowierer wird dankbar sein, wenn ihm die Geborgenheit des Kissens ein paar Zetereien und Zappler erspart. Placeboeffekte sind okay.

Bescheid wissen

Mein Freund Hagen Stoll von den Haudegen wird nachher noch ein paar eigene Worte zu seiner Tattoo-Biografie erzählen. Dabei wird er mit Sicherheit auch die Erkenntnis nicht auslassen, dass er an allen Stellen besonders empfindlich ist, die er beim Tätowieren nicht sehen kann. Und zwar nicht, weil er ein Voyeur ist, sondern weil er Schmerzen besser erträgt, wenn er deren Ursprung mit den Augen erfassen kann. Das geht ganz vielen so, mir zum Beispiel auch. Neben dieser Form von visuellen Typen gibt es auch noch die Verstandgesteuerten. Die kommen besser mit Schmerzen klar, wenn sie wissen, was da gerade mit ihnen gemacht wird. Aus diesem Grund labern viele Ärzte in Krankenhäusern und Zahnarztpraxen auch so viel rum und erzählen bis ins kleinste Detail, warum sie den Bohrer erst mal schräg ansetzen, dann den Keil nehmen, mit dem sie den Weisheitszahn vierteilen und schließlich die Zange zum Entfernen der Bruchstücke zur Hilfe nehmen. Manche Patienten kann man mit solchem Gequatsche angeblich wirklich beruhigen. Ich selbst meide jede Form von Arztpraxen wie der Teufel das Weihwasser, weil ich die meisten Mediziner für Abzocker halte, aber ich hatte vor acht, neun Jahren eine Phase, in der ich mir diese Methode abgucken wollte. Da habe ich den Kunden beim Tätowieren erzählt, was da gerade mit ihrer Haut und der Maschine und der Farbe passiert. Dreimal hin-

tereinander wurde mir nach den ersten fünf Minuten mit einem
»Sorry, können wir das Thema wechseln? Muss ich gerade nicht
haben.« in die Parade gefahren. Erst beim vierten Mal kam ich
über den Punkt hinaus, wo die Nadel die Haut aufreißt und die
Farbe hineingespritzt wird. Ein Triumph! Experten-Krause protz-
te mit seinem Fachwissen, während die Kundin, die auf dem Stuhl
vor ihm saß, gebannt zuhörte. Sie hatte ihr rechtes Bein auf einem
Hocker abgelegt, damit ich ihr eine Tiefseequalle auf den Unter-
schenkel tätowieren konnte, und war muckmäuschenstill. Die
Hälfte der Outlines war geschafft, und ich wollte gerade erzählen,
dass bei vernarbten Stellen die Farblinien in der Haut schneller
platzen, als von oben plötzlich doch eine Art »Aaahh« kam. Hörte
sich ein bisschen an wie beim Sex, so eine Mischform zwischen
leisem Schrei und Stöhnen. Als ich hochsah, merkte ich, dass die
Kundin kreidebleich war und sich mit der rechten Hand die Stirn
hielt.

»Geht's dir nicht gut?«

Sie schüttelte den Kopf. Hieß das jetzt Ja oder Nein?

»Brauchst du 'ne Pause?«

»Aahh!«

Das hörte sich jetzt doch stark danach an, dass es ihr nicht gut
ging. Als äußeres Zeichen dafür, dass sie sich eine Pause von der
Tortur gönnen konnte, stand ich auf, legte die Tätowiermaschine
zur Seite und fuhr mit extra beruhigender Stimme fort: »Jedenfalls hab ich schon komplette Arme, die verbrannt waren, übertä-
towiert. Das war nur noch totes Gewebe, da arbeitete nichts mehr.
Wenn man die Nadel einmal schräg hielt, schoss die Farbe unter
der Haut so weit, dass …«

Rumms! Hinter mir rumpelte es, und als ich mich umdrehte,
sah ich, dass die Kundin vom Stuhl gekracht und ohnmächtig war.
Das passiert in Tattoo-Studios öfter mal, also kein Grund zur Pa-
nik. Kissen unter den Kopf, Beine hoch halten und kaltes Wasser

ins Gesicht. Nach wenigen Sekunden war sie wieder da und erholte sich danach schnell wieder. Irgendwann meinte ich: »Tut schon scheiße weh, so eine Nadel in der Haut, was?«

Wieder schüttelte sie den Kopf und meinte: »Der Schmerz war nicht so schlimm.«

Ich nickte wissend: »Ach so, Kreislauf, alles klar.«

Erneutes Kopfschütteln. Jetzt fiel mir nichts mehr ein. War auch nicht nötig, denn im nächsten Moment hauchte sie: »Nee, aber was du von Haut aufreißen und geplatzten Linien erzählt hast, war einfach mal saueklig. Ich stell mir das dann immer bildlich vor. Können wir vielleicht das Thema wechseln?«

Seitdem nehme ich Abstand davon, Leuten, die nicht explizit danach fragen, in aller Ausführlichkeit zu erzählen, was ich mit ihnen anstelle. Zumindest während der Sitzung. Ich bin nun mal kein Zahnarzt, also ist es eine Schnapsidee, dessen Methoden zu kopieren. Da ich trotzdem an das Prinzip der Verstandsteuerung glaube und wir hier gerade nicht beim Tätowieren, sondern nur beim Darüberlesen sind, hole ich auf den nächsten Seiten doch noch mal die Blut- und Nadel-Keule raus. So hat jeder zumindest die Möglichkeit zu erfahren, wie die Farbe eigentlich in die Haut kommt. Wem schon beim Gedanken daran ein »Aaahh« aus der Kehle kommt und schwummerig wird, empfehle ich, direkt zur Story von *Köln-50667*-Alex Ingo Kantorek weiterzublättern (S. 123). Da geht's eher ruppig als blutig zu. Der Rest folge mir zur nächsten Seite aufs Schlachtfeld.

8.

Von Maschinen und Menschen – Wie Tätowieren geht und andere Horrorstorys

Keine räkelt sich schöner als Makani Terror. Als Muse von Classic Tattoo ist sie natürlich Botschafterin unserer »I-love-Tattoo«-Kampagne. Warum sie für diesen Job sozusagen geboren wurde, liest du in ihrer Geschichte.

Bitte recht freundlich! Wenn Pia Tillmann und ich nicht gerade Spaß bei den Dreharbeiten zu *Berlin Tag & Nacht* hatten, hatten wir ihn beim Tätowieren.

We want you! Dieses *Berlin-Tag-&-Nacht*-Quartett zeigt: Patrick Günther alias Marcel (dunkle Haare), Pia Tillmann alias Meike (blonde Haare), Chameen Loca alias Jessica (rote Haare) und mich (keine Haare).

Mark Benecke (links im Bild) ist forensischer Entomologe. Bevor ich ihn kennenlernte, wusste ich nicht, was das ist. Jetzt weiß ich's! Forensische Entomologen sind Insektenforscher, die zur Lösung von Mordfällen beitragen, indem sie Fliegen und Käfer, die über Leichen krabbeln, untersuchen, während sie in ihrer Freizeit Tattoos und Piercings lieben und lustige Texte für meine Bücher schreiben. So in der Art.

Drei Fäuste für ein Halleluja! Die Haudegen Hagen Stoll (links) und Sven Gillert (rechts) bei Classic Tattoo. Der Zwerg in der Mitte bin ich. Die Geschichte zum Notenschlüssel auf Hagens Unterarm erzählt er euch selbst.

Was kommt heraus, wenn ein Mann auf eine Frau trifft, die weniger Haare auf dem Kopf hat als er selbst am Kinn? In diesem Fall: Liebe. *Voice-of-Germany*-Heldin Judith van Hel und ich sind seit unserer ersten Begegnung beste Freunde. Die Frau hat nicht nur Stimme, sondern auch Grips.

Acht Minuten vor vier! Daumen-hoch-Zeit für Ingo Kantorek und mich. Ob dieses Foto nachmittags oder morgens entstanden ist? Ähm... egal. Jedenfalls war's bei der Tattoo-Convention in Köln. Prost...

In der japanischen Tattoo-Tradition steht der Koi-Karpfen für Stärke und Männlichkeit. Wenn er zusätzlich von Wellen umtost wird, ist das ein Symbol für den Kampf gegen die Naturgewalten.

Typisch New School: Comic-Style und Geschenkband verpacken das Traditionsmotiv »Anker« für die Generation Tattoo-Zukunft.

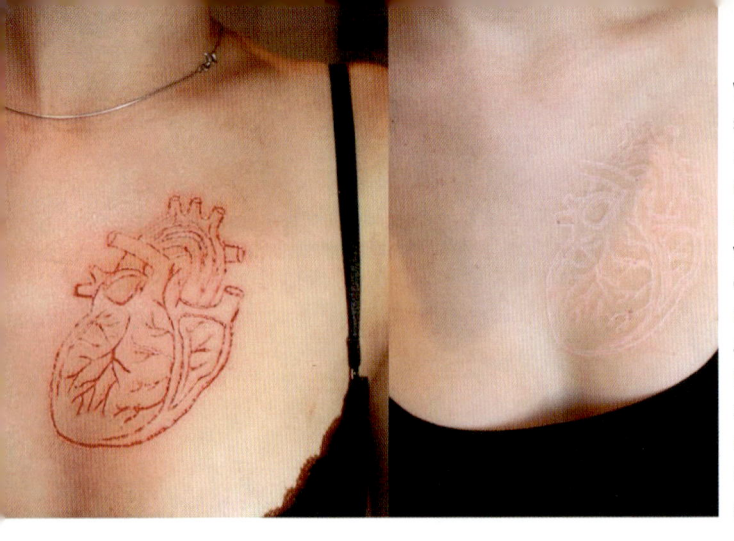

Wer denkt, Tattoos seien blutig, hat noch keine Body-mod-Session erlebt. Bei dieser Technik werden Muster in die Haut geritzt, die nach dem Verheilen als feine weiße Narbenkunstwerke sichtbar bleiben. In diesem Fall eine echte Herzensan-gelegenheit!

Ein Style, Millionen Möglichkeiten. Tribals stammen aus der Tätowierkultur der Maoris. Dort gilt: Je großflächiger und filigraner die Tattoos, desto höher das Ansehen ihres Trägers in der Stammesgemeinschaft. Bei uns gehören sie in die Kategorie Schmuck-Tattoos. Aber Schmuck ist ja auch ein Statussymbol!

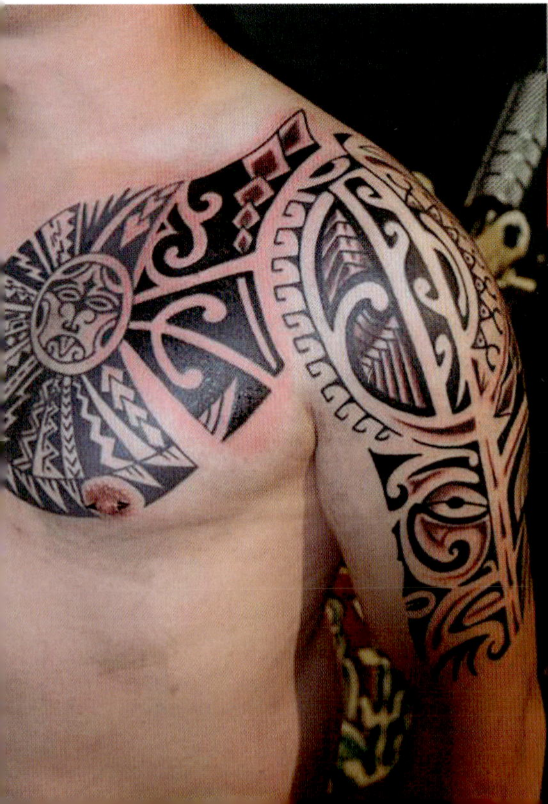

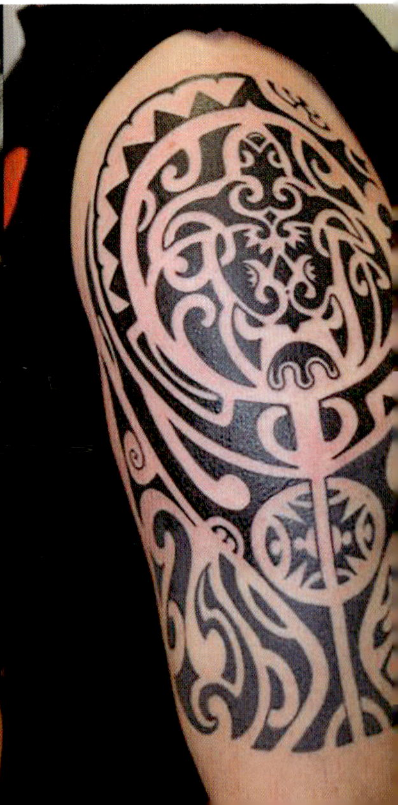

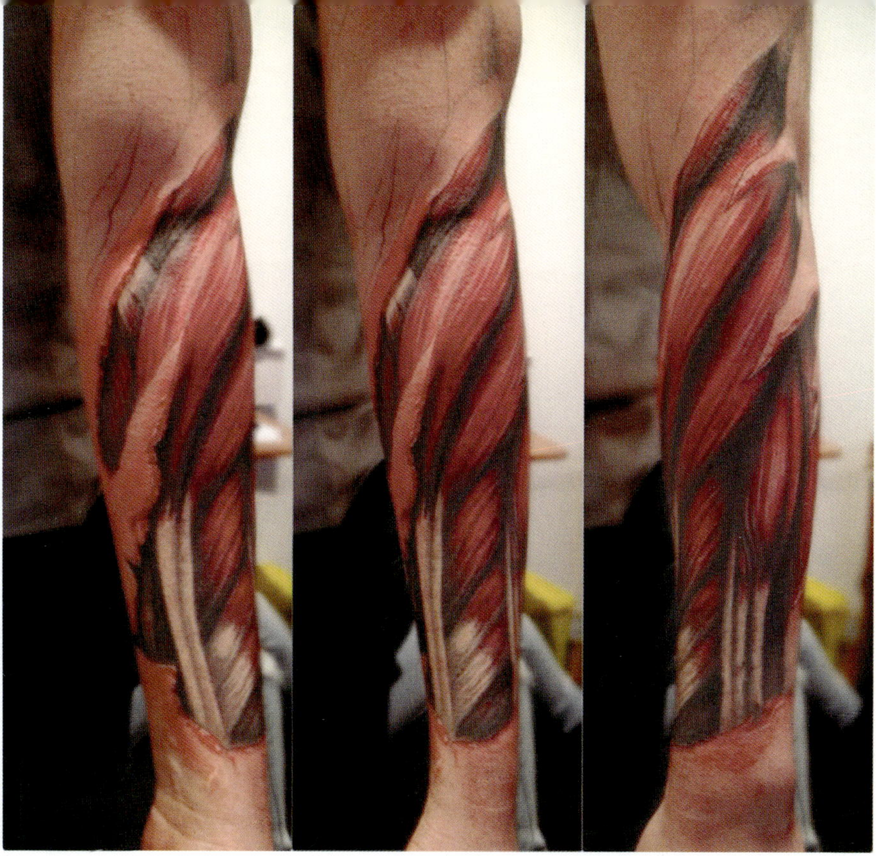

Plastination für Lebemänner: Anatomie-Tattoos übertragen das Innenleben des Körpers auf seine Oberfläche.

Vier Tattoomotiv-Klassiker in einem: Der Totenkopf, der Schmetterling, das Kreuz und die Blume werden in diesem Black-and-Grey-Meisterstück zu einem Gesamtkunstwerk zusammengefügt.

Vor der Nadel war die Feder! Mit Federkielen wurde früher geschrieben und gezeichnet. Nicht auf der Haut, sondern auf Papier, aber als Symbol für Kreativität wird das Motiv in Tattoos auf vielfältigste Weise verarbeitet – hier in einem schönen Fantasy-Aquarell-Mix.

Mit der Überschrift hätten wir den gruseligsten Teil dieses Kapitels schon hinter uns. Was »Maschinen«, »Nadeln«, »Farben« und »Hauttypen« betrifft, sind eigentlich nur die ersten zwei blutig, und nicht mal die wirklich heftig. Also, machen wir's wie beim Tätowieren: atmen nicht vergessen und das Ganze von der technischen Seite betrachten. Dann fällt auch keiner vom Stuhl.

MASCHINEN

Viele Kunden denken, eine Tattoo-Maschine hat eine Nadel vorne dran, und mit dieser einen Nadel wird alles gemacht. Das stimmt so natürlich nicht. Es gibt unterschiedliche Maschinen, unterschiedliche Nadeln, und nicht zuletzt werden die Maschinen mit Strom betrieben, was bedeutet, dass man per Trafo unterschiedliche Spannungshöhen einstellen und damit die Härte der Schwingung regulieren kann. Fakt ist: Die Nadeln bewegen sich mit bis zu 18 000 Stößen auf und ab. Dadurch reißen sie erst die Haut auf und spritzen dann Farbe hinein. Die Intensität kommt auf die Art der Maschine an. Hier die zwei Standardarten:

Liner

Laut, hart und spitz, das sind die drei Grundtugenden der Liner-Maschinen. Mit ihnen werden die feinen Linien gezogen, die das Grundgerüst eines Tattoos sind: die Outlines. Liner-Maschinen sind spannungstechnisch sehr hart eingestellt, weil sie eine gleichbleibende Geschwindigkeit haben müssen und nicht zu weit nach hinten federn dürfen, sonst verwackeln die Linien. Das bedeutet auch, dass die Behandlung mit ihnen mehr wehtut als das Ausfüllen von Farbflächen oder deren Schattierung. Bei größeren Tattoos zieht man die Linien aus diesem Grund am besten in einem Rutsch durch. Ansonsten kann man Härte und Spannungsübersetzung, mit der die Nadeln vorne aus der Führung kommen, unterschiedlich einstellen. Auch die Technik des Tätowierers hat Einfluss auf die Intensität der Sitzung: Wenn er hart aufdrückt und die Nadel länger in der Haut lässt, verursacht er damit größere Schmerzen. Bei besonders nervigen oder widerspenstigen Kunden wird dieses Mittel auch mal als Strafe angewandt. Ansonsten kann man mit einer hart eingestellten Liner-Maschine auch Farbe geben. Nach der Fertigstellung der Outlines ist das dann wie Malen nach Zahlen. Die Blütenblätter werden gelb, der Stängel grün und der Marienkäfer rot angemalt. Für verschiedene Töne werden im besten Fall auch unterschiedliche Maschinen genommen, sonst verwaschen die Farben.

Shader

Shader sind die sanften Schwestern der Liner-Maschinen. Sie sind, wie das englische Wort schon vermuten lässt, zum Schattieren da. Mit ihnen werden also fließende Übergänge und räumliche Effekte tätowiert. Diese Maschinen sind weicher eingestellt, das heißt: Wenn man die Nadel vorne eindrückt, federt sie leichter zurück als bei Linern. Man spürt dann eher ein kurzes, abgesetztes Kratzen als einen punktuellen stechenden Schmerz. Da bei

Shadern normalerweise die Spannung runtergefahren wird, verursachen sie weniger Lärm.

Die Techniken beim Schattieren sind von Tätowierer zu Tätowierer unterschiedlich. Der Erste schattiert von vornherein nur mit Grautönen, andere schattieren mit Schwarz und tunken ihre Maschinen nur kurz in Wasser, wieder andere reißen die Haut erst mal nur mit Wasser auf, um anschließend mit hellen Grautönen ganz leicht über die geöffnete Wunde zu gehen und Schatten zu setzen. Einen goldenen oder offiziellen Weg gibt es nicht; jeder Tätowierer entwickelt die Technik, die er von seinem Meister gelernt hat, für sich selbst weiter. Dabei hängt gerade beim Schattieren vieles von der Feinmotorik des Künstlers ab.

An diesen Basismodellen hat sich über die Jahrzehnte nichts geändert. Der Rest hängt vom Tätowierer ab: Nimmt er Kombigeräte und macht ein komplettes Bild mit ein und derselben Maschine? Oder arbeitet er mit mehreren Maschinen? Ich selbst habe gute Erfahrungen bei der Arbeit mit drei Maschinen: zwei hart eingestellte, eine Liner. Letztere ist für die Outlines da, für die Farbgebung verwende ich die hart eingestellten Shader mit breiter Nadel, eine für helle Farben, die zweite für dunkle Farben. Gute Grundausrüstung.

NADELN

Von eins bis 45 geht alles – wobei der 45er-Besen wahrscheinlich öfter benutzt wird als die Solo-Nadel. Und noch mal auf Deutsch: Normalerweise werden beim Tätowieren eine verschieden hohe (und meist ungerade) Anzahl von Nadeln zu einem Bündel aneinandergelötet. Je dicker das Bündel, desto dicker ist der Strich, den man mit ihm ziehen kann. Wenn man so will, ist die Solo-Nadel der Fineliner unter den Tattoo-Minen, während die 45er der dicke Edding ist. Die gebräuchlichen Sorten in Liste:

Einer-Nadeln
Kleine Idioten, die sich auf Partys Rosen im Pünktchen-Verfahren auf den Arm piksen lassen, benutzen sie vielleicht immer noch, aber Profis löten sich mindestens Dreier-Nadeln.

Dreier-Nadeln
Die kleinste und sensibelste Variante, die sich besonders für Kleinmotive eignet, die zwar winzig, aber trotzdem detailverliebt sind.

Fünfer-Nadeln
Wer sich nicht auf Mikroskop-Tattoos spezialisiert hat, aber auf zarte Outlines steht, ist mit Fünfer-Nadeln gut beraten. Mit ihnen baut man gute, dünne Linien und filigrane Strukturen.

Siebener-Nadel
Ich bin kein Frickelkönig, deshalb ist meine persönliche Lieblingsnadel die Siebener. Wenn sie schön eng gelötet ist, hat man mit ihr sowieso fast ein Fünfer-Feeling.

Neuner-/Elfer-Nadeln
Mit Neunern und Elfern zieht man fette Outlines, die vor allem bei Old-School-Tätowierungen und bei asiatischen Motiven zum künstlerischen Stil gehören.

Magnum-Nadeln
Alles was die Elfer-Marke überschreitet, fällt in die Kategorie der Magnum-Nadeln. Sie werden nicht für Outlines, sondern zum Ausfüllen von Farbfeldern verwendet. Außerdem werden sie im

Gegensatz zu den bisher genannten nicht spitz gebündelt, sondern in einer Reihe aneinandergelötet und verfächert. Die Nadeln stehen versetzt und greifen ineinander, das sieht so ähnlich aus, wie wenn man die Finger verschränkt. Je kleiner die Abstände zwischen den einzelnen Nadeln sind, desto größer ist der Farbeffekt, den sie in die Haut einbringen. Ich kenne Varianten, wo bis zu 45 Nadeln in Reihe gelötet waren – ein Spachtel von einer Tattoo-Nadel, die zum Beispiel bei großen Rückenbildern mit viel Fläche verwendet wird.

FARBEN

Farben sind ein großes und schwieriges Thema, auch seitens der Behörden. In Deutschland gibt es zugelassene Farben, die vom Gesetzgeber kontrolliert werden. Seriöse Studios werden auch nur mit diesen Farben arbeiten, und jeder Tätowierer, der es nicht tut, ist ein Arschloch, weil er damit die Gesundheit des Kunden aufs Spiel setzt. Trotzdem darf man sich nichts vormachen: Jeder kann sich jeden Schrott besorgen. Hier die fünf großen Farbfragen im Überblick:

Wird bei Tattoos normale Tinte verwendet?
Nein. Tätowierfarben sind speziell für ihren Zweck gefertigte Farben, die ständig weiterentwickelt und von der Forschung verbessert werden.

Sind Tattoo-Farben krebserregend?
Schluss mit den Ammenmärchen! Es ist zwar immer ein Risiko dabei, wenn man sich einen künstlichen Stoff wie Farbe in die Haut spritzt, der von dort aus in den Blutkreislauf geraten kann, aber dass alle, die es tun, Krebs kriegen, weil Autolacke und Al-

leskleber untergemischt sind, ist Quatsch. Nicht zuletzt, weil das Bundesinstitut für Risikobewertung (dessen Logo ich Mark Benecke mal bei einer Infoveranstaltung für Schüler aufs Bein gekratzt habe) im Jahr 2009 eine offizielle »Tätowiermittelverordnung« erlassen hat. Spätestens seitdem gilt: Bei jedem, der mit zugelassenen Farben arbeitet, ist Tätowieren nicht krebserregender als das Rauchen einer Zigarette. Zum Vergleich: In jedem Nagellack und jedem Haarfärbemittel ist genauso viel Chemie drin wie in Tattoo-Farbe. In einer Studie, in der Lippenstifte und Tattoo-Farben verglichen wurden, stellte sich unter anderem heraus, dass beide Produkte nahezu dieselben Wirkstoffe enthalten, aber der Bestandteil von schädlichen Zutaten im Lippenstift höher war.

Gibt es gefährlichere und ungefährlichere Farben?

Grundsätzlich gilt: Was zugelassen ist, ist ungefährlich. Zeitweilige Hautirritationen, Juckreize oder allergische Reaktionen auf Farben treten allerdings bei den klassischen Standardfarben Schwarz, Grau und Zinnober seltener auf als bei grellen Farben. Bunte Tattoos haben normalerweise längere Heilprozesse, stärkere Verschorfung und müssen öfter nachgestochen werden. Dennoch: Das sind Nebenwirkungen, die unangenehm, aber nicht unbedingt »gefährlich« sind.

Wo kann ich mich informieren?

Das genannte Bundesinstitut beantwortet auf seiner Website alle möglichen Fragen zu Henna-Tattoo über Permanent-Make-Up bis zur Zulassung von Tätowiermitteln. Wer in Berlin ist, kann auch direkt im Institut vorbeischauen. Eine noch näherliegende Möglichkeit ist aber: Frag deinen Tätowierer! In keinem seriösem Laden wird man auf die Ansage »Ich hab so viel Negatives über Farben gehört und ein bisschen Angst« mit einem »Können wir doch nicht ändern, verpiss dich!« antworten. Im Gegenteil: Man wird dir erklären, dass jeder Farbtyp eine Nummer und einen Hersteller hat, mit denen du im Zweifelsfall zum Amt marschieren kannst, um zu fragen, ob es sich um eine zugelassene Farbe handelt.

Gibt es Tattoo-Farben, die nach ein paar Jahren wieder weggehen?
Ganz klar: nein. Auch wenn fleißig daran geforscht wird, das Phänomen Tattoo seiner Endgültigkeit zu berauben, gibt es bisher keine Tattoo-Farben, die sich zuverlässig nach einiger Zeit wieder verflüchtigen. Lass dich also nicht mit »Temptoos« oder »Bio-Tattoos« volllabern, die sind sowieso nur Beschiss. Kein Farbhersteller der Welt konnte je eine Garantie dafür geben, dass die Farbe wieder verschwindet, zumal es nicht nur auf die Farbe ankommt, sondern immer auch auf die Intensität, mit der ein Tattoo in die Haut gestochen wurde. Das hat mit Druck und Stechtiefe der Nadel zu tun. Außerdem hat jeder Kunde einen anderen Hauttyp, der anders altert, sich anders bewegt, sich anders verlebt. Gutes Stichwort übrigens, es leitet direkt über zum nächsten Thema.

HAUTTYPEN

Weiß
Käse-käse-käseweiße Leute nehmen die Farben oft schlechter an als Leute mit braunem Teint. Sehr blassen Leuten empfehle ich deswegen für den Anfang dezentere Tattoos mit nicht zu grellen Farben. Auch gewässerte Farben mit leichten Schattierungen kommen oft besser als Mega-Outlines. Die Farbe wird von diesem Hauttyp einfach schwerer angenommen. Entsprechend langwieriger sind die Heilprozesse.

Braun

Die Erfahrung zeigt: Leute, die regelmäßig ins Solarium gehen, sind einfacher zu tätowieren. Bei denen geht die Farbe rein wie Hulle. Da ziehe ich zweimal drüber, dann sind die Schatten drin, und ich ziehe wieder zweimal drüber, und die Farben sind drin. Vermutlich liegt das daran, dass die Haut nicht so empfindlich ist und weniger arbeitet.

Schwarz

Immer wieder wollen Leute wissen, ob es sich für Schwarze überhaupt lohnt, sich tätowieren zu lassen. So was fragen natürlich nur Weiße. Die Schwarzen selbst wissen: Egal wie dunkel die Haut eines Menschen ist, Tattoos in dunklen Schwarztönen sieht man trotzdem immer. Außerdem variiert gerade in unserem Klima bei allen Menschen die Färbung der Haut. Im Winter ist jeder etwas blasser als im Sommer, wenn die Sonne knallt. Das Einzige, wovon ich schwarzen Leuten abrate, ist der inflationäre Gebrauch von Farben.

Neurodermitis

Ich habe immer wieder Kunden, die fragen, ob sich auch Neurodermitiker tätowieren lassen können. Ja, können sie. Im Zweifelsfall sogar direkt auf die Stelle, wo die Neurodermitis sitzt. Manche Leute nutzen Tattoos sogar, um die betroffenen Hautstellen ein bisschen abzudecken.

Narben

Die Frau mit der Tiefseequalle auf dem Bein hört jetzt bitte mal weg, der Rest mache sich klar: Auch Brandwunden, Schwangerschaftsstreifen oder Borderline-Narben kann man übertätowieren. Ich habe ganze Arme tätowiert, die komplett verbrannt waren. Bei totem Gewebe ist allerdings das Problem, dass die Haut nicht mehr arbeitet. Normalerweise hat man überall kleine Poren, und die Farbe wird in einzelne Pigmente hineingegeben. Bei Narben oder verbrannten Stellen dagegen tätowiert man nur tote Fläche, das heißt, man muss sehr aufpassen, dass die Linien nicht platzen und verlaufen. Das ist, als ob man ein hartes Leder tätowiert. Ein ziemlich undankbarer Job.

Leute, die mit dem Ritzen aufgehört haben oder generell Borderline-Narben auf dem Körper tragen, kommen oft auf die Idee, diese mit Tattoos zu überdecken. Kein falscher Gedanke, aber er muss reifen. Narben müssen anderthalb bis zwei Jahre durchgeheilt sein, sodass sich ein Tiefengewebe gebildet hat, bevor man sie mit einer Tätowiernadel bearbeiten kann. Aber selbst danach muss man vorsichtig sein. Man kann nicht volle Pulle bunte Farben in eine beeinträchtigte Hautoberfläche hineingeben oder fette Linien ziehen. Ähnlich wie bei heller Haut gilt auch hier: Weniger ist mehr, und Schattierungen reichen oft schon aus.

Behaarte Körperstellen
Vor der Sitzung müssen Haare an der zu tätowierenden Stelle generell abrasiert werden. Das kann man selbst zu Hause erledigen, ansonsten wird es direkt vor der Sitzung im Studio gemacht. In diesem Zusammenhang taucht immer wieder die Frage auf, ob an tätowierten Stellen die Haare nachwachsen. Normalerweise lautet die Antwort Ja. Die Poren verschließen sich, es gibt eine kleine Schorfwunde, und wenn die verheilt ist, wachsen auch neue Haare. Ein spezieller Fall ist der Kopf: Grundsätzlich rate ich allen davon ab, sich am Kopf tätowieren zu lassen, erstens weil es richtig wehtut, zweitens weil das Nachwachsen der Haare die Hölle sein kann. Im Heilungsprozess muss man darauf achten, dass man cremt, cremt und noch mal cremt, damit sich so wenig Schorf wie möglich bildet.

Ich habe mit Leuten gesprochen, die nicht gecremt haben. Die waren feiern, haben gepennt oder es einfach nur vergessen. Deswegen bildete sich Schorf, der nach ein paar Tagen von Zehntausenden nachwachsenden Haaren von der Haut abgezogen wurde. Haare wachsen schneller, als der Schorf sich löst, und einer Armee von Tausenden sprießenden Haaren ist auch der härteste Schorf nicht gewachsen. So wird er im Zeitlupentempo abgerissen, und das verursacht höllische Schmerzen.

Eine weitere knifflige Stelle ist unter der Achsel. Auch hier rate ich den Leuten eher davon ab, ein Tattoo zu platzieren, weniger wegen der Haare als wegen der Vielzahl von Drüsen, die sich unterm Arm befinden. Wer es trotzdem nicht lassen kann, soll wenigstens einen Tätowierer wählen, der diese Stelle schon mal bei jemand anderem bearbeitet hat. Wenn du an einen Stümper gerätst, der dir in deine Schweißdrüsen ballert, wirst du danach nicht mehr froh. Mach dich auf höllische Schmerzen gefasst und sei dir darüber im Klaren, dass auch hier Haare nachwachsen und bis zur kompletten Heilung des Tattoos keine Rasur möglich ist. In einer frischen Tattoo-Wunde kann man nicht mit einem Rasierer rumfuhrwerken.

9.

Krauses Family:
Ingo Kantorek

»Zum Tätowieren gehe ich nie allein. Es ist immer eine Tüte Gummibärchen dabei!«

Unter dem Pseudonym »Lunatic Ingo« tobte Ingo Kantorek sich schon vor seiner Fernsehkarriere als Tattoo-Model aus. 2013 kam er in die Stammbesetzung von *Köln 50667* – und wurde endgültig zum Vorzeigemacker der deutschen Inker-Szene. Hier berichtet er, wie ein selbst verpasster Arschtritt zu einer lebenslangen Affäre mit der Nadel führte.

Mein erstes Tattoo war eine Notlösung: ein heulender Wolf vor einer untergehenden Sonne, mit einer kleinen Hügelkette und ein paar Bäumchen im Hintergrund. Handtellergroß, auf dem rechten Oberarm. So was von klassisch! Die Flashsets mit diesen Wölfen hatten in den Neunzigern alle Tätowierer der Welt in ihren Läden hängen. Bei mir war es 1992, 7. September, acht Tage vor meinem 18. Geburtstag. Ich machte damals eine Lehre zum Industriemechaniker. Eines Tages kam ein Kollege zur Arbeit und hatte sich einen von diesen kleinen Comic-Teufeln auf den Rücken stechen lassen, die damals mega-in waren. Den hat er so demonstrativ und angeberisch präsentiert, dass mein großes Maul mit mir durchgegangen ist:

»Alter, weißt du was?«, fragte ich.
Er: »Nee, was denn?«
»Ich fahr heut auch zum Tätowierer.«
»Ach ja? Was willst du dir denn machen lassen?«
»Wirst du morgen schon sehen.«

Damit war es raus, und es gab kein Zurück mehr. Eher hätte ich mich krankschreiben lassen, als am nächsten Tag ohne Tattoo zur Arbeit zu erscheinen. Vielleicht war das selbst eingebrockte

Druckszenario aber auch nur der Arschtritt, den ich brauchte, um endlich zur Tat zu schreiten. Fasziniert war ich von Tattoos schon seit ich 15 oder 16 war. Die ganze Welt und der Kult um die Dinger interessierten mich. Es fühlte sich also rundum richtig an, als ich an diesem 7. September nach Feierabend zu Barry's Tattoo Twister gefahren bin. Das war damals das angesagteste Tattoo-Studio in meiner Heimatstadt Hannover. Bis heute gehören Barry und seine Jungs zu den Guten. Sie haben die meisten meiner Tattoos gemacht, und ich bin mit jedem einzelnen zufrieden.

Aber eins nach dem anderen: Als ich zum ersten Mal in den Laden marschierte, war das schon sehr aufregend. Eigentlich war es eher wie eine Kneipe, es wurde Bier getrunken und geraucht. Vorne standen Sessel, dann kam der Beratungstresen und hinter dem Tresen war die Bank, auf der tätowiert wurde. Alles total offen. Man konnte zugucken. Nur wenn Mädels an der Reihe waren, wurde eine Jalousie runtergelassen. Tja, und dann waren da eben diese klassischen Flashsets, aus denen ich ursprünglich das Profil eines heulenden Wolfskopfes mit gefletschten Zähnen, an denen noch ein bisschen Blut klebte, haben wollte. Das Bild fand ich total geil, und es lag mit rund 150 Mark gerade so in meinem Budget. Der Typ am Tresen meinte, ich solle mich hinsetzen und warten. Das hab ich getan, vier Stunden lang. Um in dem Moment, als ich drankam, festzustellen, dass der Typ vor mir sich genau das Tattoo mit dem Wolfskopf und den blutigen Zähnen hatte stechen lassen, das auch ich mir ausgesucht hatte. Ging gar nicht. Nicht dass ich mir über Individualität oder solche Geschichten in dem Moment viele Gedanken gemacht hätte, aber sehenden Auges das gleiche Tattoo zu bekommen wie mein Vorgänger war mir zu platt. So kam es zu dem Notlösungsmotiv mit der untergehenden Sonne, das ich am nächsten Tag bei der Arbeit jedem unter die Nase gehalten habe, der's nicht sehen wollte. Ich war stolz wie Bolle. Und auch wenn das Bild mittlerweile gecovert ist, finde ich es bis heute cooler als den roten Teufel des Kollegen.

Über zwanzig Jahre ist das inzwischen her. Wenn ich die Erfahrung von damals mit der Welt von heute vergleiche, hat sich vieles getan. Der Rauch, das Bier und die Flashsets sind aus den Tattoo-Studios verschwunden, die Walk-in-Geschichte ist einer krassen Terminkalender-Planung gewichen und ein Tattoo ohne Altersnachweis kriegen Teenager heute nur noch bei schwarzen Schafen. Damals hat das keinen interessiert, andererseits sah ich mit meinen 1,90 Metern wahrscheinlich auch nicht aus wie der klassische Minderjährige, der versucht, sich ein Tattoo zu erschleichen. Ich muss Barry mal fragen, ob darauf früher überhaupt geachtet wurde. Nach all der Zeit reden wir auf Augenhöhe. Ich habe jahrelang nur mit ihm gearbeitet, und er hat meine beiden Arme fast komplett zugemacht. Auch das Cover für den heulenden Wolf kommt von ihm. Ich habe immer gesagt: Wenn ich mal irgendwas übersteche, dann nur mit dem Segen des Mannes, der das Original-Tattoo gemacht hat. Bei diesem Motiv hatte das Covern nicht mal direkt mit dem Motiv zu tun, sondern damit, dass ich den rechten Arm zu einem asiatischen Konzeptarm umbauen wollte. Das hab ich mit Barry besprochen, und er hat mir eine Hanya-Maske über den Wolf gestochen. Jetzt erkennt man nur noch ein bisschen die Umrisse der Sonne. Irgendwie glaube ich, wenn Barry es nicht selbst gemacht hätte, wäre es nicht so gut geworden, aber vielleicht bin ich diesbezüglich auch nur eigenwillig.

Ich bin ohnehin recht wählerisch bei meinen Tattoos. Meiner Meinung nach sehen Billigangebote immer auch billig aus. Ich gebe lieber richtig Geld für ein Tattoo aus und habe dann was Geiles, als wenn ich mir eine Ey-das-mach-ich-dir-für-80-Euro-Gurke auf die Haut setzen lasse. Abzocken lassen sollte man sich aber natürlich auch nicht. Wenn der Typ von Miami Ink einen Tausender die Stunde haben will, dann ist das dreist und unangemessen. Trotzdem macht man im Zweifelsfall besser so was als die 80-Euro-Nummer. Ich weiß, wovon ich spreche: Ein Kumpel von mir hat mal so eine Küchen-Session durchgezogen. Er wollte ein Hang-Loose-Rock'n'Roll-Zeichen aufs Knie haben und hat eine Banane verbraten bekommen, die sogar ich in der Qualität hingekriegt hätte, obwohl ich überhaupt nicht zeichnen kann und eine Vier in Kunst hatte. Von so was hab ich mich immer ferngehalten. Seit *Köln 50667* habe ich sogar Angebote von Leuten ausgeschlagen, die mich umsonst tätowieren wollten. So hab ich keine Tattoos, die ich bereue, und alles ist so, wie ich es haben wollte.

Ansonsten hab ich nach über zwanzig Jahren ein paar Richtlinien:

Erstens: Bevor ich einen Tätowierer an mich ranlasse, muss ich Bilder von ihm gesehen haben. Und zwar nicht nur auf Fotos, sondern auf der Haut von anderen Leuten, die bestätigen können, dass er das gemacht hat.

Zweitens: Am Tag vorher wird nicht gesoffen. Wenn du Alkohol getrunken hast, wird das Blut dünn und sifft rum wie Sau. Das hassen die Tätowierer.

Drittens: Ich gehe nie allein zum Tätowieren, sondern habe immer eine Riesentüte Gummibärchen dabei. Da kann man schön draufbeißen, wenn's zwiebelt, außerdem wird der Zuckerhaushalt ausgeglichen.

Viertens: Zwischendurch immer schön Wasser trinken.

Fünftens: Nie wieder Nippel. Mit Gummibärchen und Entspannungsübungen habe ich den Schmerz normalerweise einigermaßen im Griff, aber in der Region rund um die Brustwarzen hat's richtig gescheppert. Danach wusste ich, wo meine Nippel sitzen.

Sechstens: Meine Hände sind und bleiben sauber. So kann ich immer noch mal ein Hemd oder ein Sakko anziehen und einen seriösen Eindruck machen. In Deutschland ist das nicht mehr so megawichtig, hier sind Tattoos ja inzwischen gesellschaftsfähig. Aber es gibt immer noch Länder und Leute, die krass negativ auf Tätowierungen reagieren. Das habe ich in meinem alten Beruf am eigenen Leib erfahren: 2011 hab ich noch bei einer international operierenden Firma als Triebwerktechniker gearbeitet, und wir hatten einen Auftrag in Texas. Damals war ich noch lange nicht so krass tätowiert wie heute, und nur wenn ich ein T-Shirt anhatte, guckte am Arm eine Spitze raus. Der Anlagenchef, der uns engagiert hatte, war ein komischer Vogel mit zu viel Geld und zu wenig Menschenkenntnis. Was soll man erwarten von einem Mann, der sich für 2500 Dollar pro Tag Mechaniker aus Deutschland einfliegen lässt und dann einen von ihnen gleich am ersten Tag wieder nach Hause schickt, weil unter seinem T-Shirt-Ärmel eine Tattoo-Spitze hervorguckt? Ich muss nicht dazusagen, dass ich dieser Mechaniker war, oder? Und ich muss auch nicht dazusagen, dass durch die Aktion Geld verbrannt wurde wie Sau. Ein Ersatzmann musste ein- und ich zurückgeflogen werden, und nicht zuletzt schlug mindestens ein Tag Arbeitsausfall zu Buche. Die Nummer hat den Vogel locker 10 000 Dollar gekostet, und das alles nur, weil ihm mein Tattoo nicht gepasst hat. Total krank! Aber seit dieser Erfahrung verstehe ich Eltern, die ihren Kindern sagen, sie sollen sich erst den richtigen Job suchen, bevor sie sich an allgemein sichtbaren Stellen tätowieren lassen.

Eine ganz gegensätzliche Erfahrung hatte ich ein paar Monate später in Abu Dhabi. Auch dort hatten wir einen Auftrag, meine Arme waren inzwischen schon ein bisschen voller, und ich war durch das Erlebnis in Texas um eine Erfahrung reicher. Und da Dubai bekanntlich ein sehr religiöses Land ist, bin ich anfangs immer mit langen Ärmeln losgegangen. Allerdings: Dubai ist nicht nur religiös, es herrscht auch eine Megahitze dort. Auf Dauer war mir in meinem langärmeligen Hemd einfach zu heiß, und ich habe, ohne drüber nachzudenken, die Ärmel hochgeschlagen. Wenig später kam eine komplett verschleierte Frau zu mir und textete mich auf Arabisch an. Ich hab's natürlich nicht verstanden, aber ein Arbeitskollege aus Marokko hat es mir ins Deutsche übersetzt: Die Frau bat höflich darum, sich meinen Arm angucken und ihn fotografieren zu dürfen. Der Kollege konnte es selbst kaum glauben, aber diese Neugier und Offenheit für Tattoos ist uns danach öfter begegnet. Später hab ich sogar im T-Shirt geschraubt und dabei immer wieder diese kindlich-ehrlichen Interessensbekundungen erlebt. Später habe ich erfahren, dass die Einheimischen dachten, dass ich total religiös unterwegs sei, weil in Dubai viele Arbeiter von den Fidschis, aus Indien und von den Pazifischen Inseln stationiert sind, bei denen Tätowierungen als religiöse Statussymbole gelten. War interessant zu sehen, wie Tattoos dort als Zeichen von Religiosität gewertet wurden und nicht als Synonym für Knast, Seefahrt und mangelnde Seriosität wie in Texas. Obwohl, diese Vorurteile gibt es bei uns ja auch immer noch. Als ich fünf oder sechs Jahre alt war, besuchte uns ein alter Freund meines Vaters. Der war Seemann und hatte einen Anker und ein Herz auf dem Arm, ganz klassisch in Schwarz. Den habe ich in meiner kindlichen Unschuld geradeheraus gefragt: »Wieso warst du denn im Gefängnis?«

Er: »Hä? Wieso sollte ich im Gefängnis gewesen sein?«

»Weil du Tätowierungen auf dem Arm hast.«

Er hat sich totgelacht und erzählt, dass er Herz und Anker von seiner Zeit auf See hat. Damit erfüllte er immerhin das zweite Klischee. Trotzdem ist die Geschichte ein gutes Beispiel dafür, dass wir mit Vorurteilen vorsichtig sein sollten. Und was mich betrifft: Wenn mich ein Sechsjähriger fragt, warum ich tätowiert bin, antworte ich ihm einfach, dass ich zu viel Gummibärchen gegessen habe.

10.

Beschissene Tattoos –
Die drei W-Fragen

Bei Ernie und Bert in der Sesamstraße singen sie »Wer, wie, was?«, bei Classic Tattoo in der Dircksenstraße sagen wir »Was, wer, wie?« – zumindest wenn es um beschissene Tattoos geht. Bevor man sich anmaßt, ein Tattoo zu verteufeln, sollte man sich zunächst drei Fragen stellen. Erstens: Was ist ein beschissenes Tattoo überhaupt? Zweitens: Wer läuft Gefahr, sich ein beschissenes Tattoo einzuhandeln? Drittens: Wie geht man mit einem beschissenen Tattoo um? Die Beantwortung dieser drei Fragen erledigen wir gleich in ausführlicher Form, vorher will ich aber noch auf ein Phänomen eingehen, das ich vorhin schon kurz angerissen habe: Gerade Leute, die mit schlechten Tattoos durch die Gegend laufen, scheinen oft gar nicht zu merken, was sie da für Gurken auf ihrer Haut spazieren tragen. Das kann damit zu tun haben, dass ihnen das Motiv egal ist und einfach nur dessen symbolische Bedeutung für ihr Leben oder ihre Persönlichkeit zählt. So war das bei den alten Knastjacken und Seefahrern. Für diese Leute waren Tattoos wie Tagebucheinträge: Wenn man das Kap der Guten Hoffnung umsegelt hatte, dann musste das eben mit einem Brillenpinguin-Tattoo gefeiert werden, egal ob der Tätowierer es naturalistisch hinbekam oder eher einen behinderten Dinosaurier stach. Und wenn dem Knasti mal wieder ein Ausbruch missglückt war, dann musste eben der Mauersegler auf die Haut gekratzt werden als Symbol dafür, dass ein starker Geist sich auch von der härtesten Haft nicht brechen lässt, weil er mit den Gedanken sowieso über die höchsten Mauern in die Freiheit fliegt. Sprich: Symbolik besiegt Qualität. Die Old-School-Variante.

Eine moderne Spezies sind dagegen die Leute, die ein schlechtes Tattoo als Laune des Schicksals akzeptiert haben – Leute, die sich zwar darüber im Klaren sind, dass sie mit ihrem Motiv keinen großen Bock geschossen haben, aber sich entschließen, damit zu leben. Dieser Entschluss hat nach einer Weile zwangsläufig zur Folge, dass weder das Tattoo als solches, noch seine mangelnde Qualität überhaupt noch wahrgenommen werden. Ich habe mich oft gefragt, ob das bei Michelle Hunziker der Fall ist. Ich finde diese Frau supersüß und supertalentiert, aber ich will ehrlich sein: der komische Stacheldraht, den sie auf dem rechten Oberarm hat, geht gar nicht. Er ist nicht nur scheiße gestochen, sondern erinnert auch vom Motiv her eher an eine Neunzigerjahre-Nutte auf Malle als an Promi-Glamour. Sogar ich wäre in diesem Fall längst zum Lasern gerannt oder würde nur noch mit langärmeligen Kleidern rumlaufen. Nicht so Frau Hunziker. Die moderiert mit dieser Panne ganz selbstverständlich die größten Samstagabendshows und zeigt sie bei Fotoshootings grinsend in die Kamera. Ich kann mir das nur damit erklären, dass sie das Tattoo entweder nicht mehr wahrnimmt oder es sich so lange schön geredet hat, dass sich der Blick für die Verhältnismäßigkeiten verschoben hat. Das Problem ist in solchen Fällen nur: Es denken zwar alle Leute »Was hat die denn da für eine Grotte auf dem Oberarm?«, aber angesichts der Selbstverständlichkeit, mit der sie getragen wird, wagt keiner mehr, etwas zu sagen. Es ist wie mit der Vogelkacke auf dem Sakko. Wenn der selbstbewusste Banker in der Mittagspause zu lange unterm Baum Bockwurst gegessen hat, unbemerkt von einer Taube angeschissen wurde und anschließend im Beratungsgespräch wieder seine Autorität spielen lässt, traut sich ja auch kein Kunde zu sagen: »Ey, du hast da übrigens Scheiße am Kragen.« Bei Promis passiert das erst recht nicht.

Also, liebe Michelle! Wenn du das hier liest, versteh die Polemik gegen deinen Stacheldraht bitte nicht als Angriff, sondern als konstruktive Kritik. Oder komm einfach mal in der Dircksenstraße rum, um mir ein blaues Auge zu hauen. Danach können wir dann gemeinsam überlegen, wie wir aus Malle in den Neunzigern doch noch Berlin im neuen Jahrtausend bauen können. Wäre bei diesem Motiv überhaupt kein Problem. Und damit zu den W-Fragen.

WAS IST ÜBERHAUPT EIN BESCHISSENES TATTOO?

Ganz klar: Schönheit liegt im Auge des Betrachters, und wenn die ganze Welt dein Tattoo scheußlich findet, aber du selbst findest es super, dann ist es schon mal kein beschissenes Tattoo. Denn es gibt ja immerhin einen Menschen auf der Welt, der es toll findet: dich. Und da du diejenige Person bist, die mit dem Tattoo rumlaufen muss, ist deine Meinung in diesem Fall die einzig ausschlaggebende. Ganz anders sieht es aus, wenn die ganze Welt dein Tattoo toll findet, aber du findest es scheußlich. Dann ist es ein beschissenes Tattoo. Aus dem gleichen Grund. Du musst mit dem Ding bis ans Ende deines Lebens rumrennen. Und wenn du dich damit nicht wohlfühlst, hilft es auch nicht, dass der Rest der Menschheit es tut. Abgesehen von solchen subjektiven Wahrnehmungsgeschichten, gibt es aber natürlich noch ein paar objektive Punkte, an denen man die Qualität eines Tattoos messen kann. Und zwar:

Optik und Pannen

Ich unterstelle mal, dass alle, die dieses Buch lesen, nicht im Knast oder auf einem Segelschiff festsitzen und sich deshalb mit begrenzten Mitteln zufriedengeben müssen. Unter diesen Voraussetzungen kann man sagen: Es ist heutzutage nicht mehr nötig mit verwackelten Linien oder verschwommenen Farben rumzulaufen, die in der Regel auf unsaubere Arbeit oder Unfähigkeit des Tätowierers zurückzuführen sind. Auch wenn die Optik des Tattoos gravierend von der Skizze abweicht, die dir zuvor auf Papier vorgelegt wurde, ist es schlecht gelaufen. Zwar birgt das Malen auf der Haut größere Tücken als das Malen auf Papier, aber es liegt im Ermessen des Tätowierers, diese Schwierigkeit vorher abzuschätzen und im Zweifelsfall auf eine realisierbare Lösung umzuschwenken.

Ein leidiges Thema sind Blow-outs, also das Verlaufen von Linien, das besonders bei Outlines ärgerlich sein kann. Blow-outs können zustande kommen, wenn der Tätowierer zu tief sticht, also sozusagen zu doll aufdrückt. Bei manchen Kunden haben sie aber auch schlicht damit zu tun, dass die Haut die Farbe nicht vernünftig annimmt. Eine unberechenbare Größe. In solchen Fällen muss man gegebenenfalls mit Schattierungen Abhilfe schaffen.

Hinzu kommen alle möglichen Formen von zeichnerischen und technischen Fehlern. Porträts, die spiegelverkehrt gestochen wurden, Schriftzüge, bei denen Buchstaben fehlen, verhauene Linien verwaschene Farben – solche Sachen passieren vor allem bei überhastet gestochenen Spontan- und Billigtätowierungen, bei denen entweder der Tätowierer oder der Kunde zu schnell zu viel gewollt haben. Vermeiden lassen sie sich, indem man sich selbst genug Bedenkzeit bei der Wahl von Stecher und Motiv gönnt. Der Rest sind unvorhergesehene Pannen. Pia hat ja von der kleinen Lücke erzählt, die ihr Schriftzug auf dem Rippenbogen hat. Diese

Lücke hab einerseits ich verzapft, andererseits konnte ich auch nichts dafür, weil Pia beim Kontakt mit der Nadel so heftig zusammengezuckt ist, dass ich gar keine andere Wahl hatte als zu verrutschen. Lustigerweise hab ich mich über diese Panne viel mehr geärgert als sie. Ein Tattoo, das ich selbst bei einem Kunden verhaue, ist ein viel beschisseneres Tattoo als eines, das ein Kollege bei mir verhaut. Aber auch das ist eine Frage der Perspektive, also wechseln wir lieber zu einem unaufhaltsamen Phänomen, das Tattoos beschissen werden lässt: das Verstreichen von Zeit.

Zeitgeist und Selbstbild

Wir haben ja alle die Aufregung um das Tattoo der Exgattin von Exbundespräsident Wulff mitbekommen. Ich weiß gar nicht, wie viele Interviews ich zu diesem Ding geben musste. Dabei gab es eigentlich gar nichts darüber zu sagen, als dass es für mich nach Schrott und einer klassischen Jugendsünde aussah. Als Bettina Wulff sich später selbst zu dem ulkigen Herz-Flammen-Teufelshorn-Hybrid geäußert hat, relativierte sich das mit der Jugendsünde ein bisschen. Sie war wohl schon 28, als sie es sich verpassen ließ. Ich hab's ausgerechnet, und das passt. 2001 war der Tribal-Style, in dem das Teil gestochen ist, mega-in, und Frau Wulff hatte laut Wikipedia gerade ihr Studium geschmissen und einen neuen Job als PR-Referentin angefangen. Es gibt viele Leute, die sich an solchen Schnittstellen im Leben mit einem Tattoo selbst davon überzeugen wollen, dass ihre Jugend allen Veränderungen zum Trotz noch nicht vorbei ist. Eigentlich war der Herz-Flammen-Teufel auch viel größer geplant, angeblich bis runter zum Ellenbogen. Aber dann kamen Job, Schwangerschaft und schließlich das First-Lady-Amt dazwischen und die Tattoo-Baustelle wurde zur Schaustelle. Den Rest kennen wir alle aus den Medien.

Warum ich das in dieser Ausführlichkeit erzähle? Ganz einfach: An diesem Beispiel lassen sich die typischen Schwachstellen von Zeitgeist-Tattoos festmachen. Dass Tribals damals zum Massenphänomen wurden, hab ich im »Goodbye Arschgeweih«-Kapitel bereits erzählt, dass die Lebensumstände von Frau Wulff damals noch weniger reguliert und festgelegt waren, lässt sich an der erwähnten Jobsituation ablesen, und um zu ahnen, dass die Geburt ihres ersten Sohnes oder das Amt als Präsidentengattin damals noch nicht fest eingeplant waren, muss man nur eins und eins zusammenzählen: Modeerscheinung trifft auf Lebe-den-Moment-Gefühl trifft auf Ausblenden der Zukunft. Dieser Kombination ist nicht nur Frau Wulff zum Opfer gefallen, sondern Tausende von Leuten, die sich den Namen eines Lebensabschnittspartners, ein Teufelchen, einen Delfin oder natürlich ein Arschgeweih haben stechen lassen, um später zu merken, dass die Mode vorbei und ihr Sturm-und-Drang-Gefühl verflogen ist. Dann bekommt das Tattoo plötzlich den Status eines Kleidungsstücks, das irgendwann mal super angesagt war, und gerade weil es so angesagt war, anschließend einen umso deutlicheren Out-Stempel trägt. Wer läuft schon gerne mit Klamotten rum, die alle anderen längst in die Altkleidertonne gedonnert haben? Wenn dann noch der Sog des berühmten Ehe-Haus-und-Kinder-Daseins hinzukommt und das Tattoo nicht mehr zum Selbstbild passt… Genau. Beschissen. Kein weiterer Kommentar.

Narben und Pflege

Nicht jede Haut reagiert gleich, wenn sie mit Nadel und Tinte bearbeitet wird. Die Gefahr von Allergien oder Farbunverträglichkeiten, die nach dem Tätowieren zu dauerhaften Schwellungen und wulstigen Narben führen, kratzt also immer mit. Gerade Leute, die sowieso wegen empfindlicher Haut in Behandlung sind, sollten vor dem Stich ihren Arzt fragen, ob ein Tattoo bei ihnen erhöhte Risiken birgt. Man muss ja nicht mit offenen Augen ins Verderben rennen. Eine unsaubere Wundheilung kann auch durch einen stümperhaften Tätowierer verursacht werden, der die Farbe zu tief in die Haut schießt, sodass die Linien hochkommen und sich auch nach dem Heilungsprozess nicht zurückbilden. In diesem Fall gilt wieder: Vorsicht bei der Tätowiererwahl, denn wenn es zu spät ist, hilft auch keine Narbencreme. Und apropos Creme. Sehr oft sind hässliche Tattoonarben auch auf schlechte Pflege zurückzuführen. Also nutze ich diesen Moment, um eine Fünf-Punkte-Lektion über den Heilungsprozess einzustreuen, die ich auch nach jeder Tattoo-Sitzung mache, wo sie aber bei den wenigsten richtig ankommt. Ist auch logisch. Da hat ein Kunde mehrere Monate auf einen Termin gewartet, sich durch den Schmerz gekämpft, und jetzt sitzt er da und guckt sich zum ersten Mal sein frisches Tattoo an. Das ist die pure Euphorie. Der Kumpel sagt »Ey, cool, Alter«, die Freundin findet's extrasexy, alle machen Fotos, und jeder freut sich. Wenn in diese Situation Krause hineinpoltert und dem neuen Tattoo-Helden von der Seite Pflegetipps ins Ohr flötet, kommen sie in den seltensten Fällen richtig an. Weil sie trotzdem wichtig sind, um nicht selbst verschuldet mit einem beschissen verheilten Tattoo zu enden, gibt es sie hier noch mal zum Nachlesen:

Erstens: Schutz!
Ein Tattoo ist eine Wunde, die geschützt werden muss. Nach der Sitzung wird die tätowierte Stelle mit Folie abgeklebt. Das ist normale Haushaltsfolie, die nicht an der Wunde saugt, wie es zum Beispiel Mullbinden tun würden. Die Folie sollte nicht länger als drei, vier Stunden dranbleiben, weil sich unter ihr Keime und Bakterien sammeln können. Also, immer wieder abmachen, waschen, dünn eincremen, neue Folie drauf. Wie lange man die Wunde mit Folie schützen muss, hängt vom Umfeld ab. Wenn jemand auf dem Bau arbeitet, wo es staubig und dreckig ist, sollte sie in den ersten zwei Wochen besser draufbleiben. Ansonsten:

Orte meiden, wo Keime rumfliegen! Sprich: Badeseen, Chlorbäder, Saunen. Auch Solarium und Sonne sind tabu. UV-Strahlung führt zu Farbverlusten und ist nie förderlich für eine Heilung. Wenn man also einen Urlaub vor sich hat, mit intensiver Sonne und Baden, sollte das Tattoo mindestens drei, vier Wochen vor der Abreise fertiggestochen sein.

Zweitens: Ruhe!
Damit die Wunde erst mal zur Ruhe kommen kann, würde ich jedem raten, die ersten zwei, drei Tage nach der Sitzung freizunehmen. Man sollte in der folgenden Woche auch keine großen Partys oder harten Sport machen. Wenn ich mir gerade den Bizeps tätowiert habe und renne am nächsten Tag sofort zu McFit, um Gewichte zu stemmen, kann die Wunde nicht zur Ruhe kommen. Natürlich sollte man auch nicht jeden an dem Tattoo rumpulen lassen. Und es ist ratsam, lockere Kleidung zu tragen. Für Frauen ist das schwierig, wenn es um Stellen geht, an denen ein BH reibt. In dem Fall wieder Folie benutzen.

Drittens: Reinigung!
Die Wunde sollte zwei- bis dreimal am Tag gereinigt werden. Mit klarem Wasser und ph-neutralen Seifen oder Flüssigkeiten, die speziell dafür vorgesehen sind. Nach dem Waschen mit neutralen Tüchern abtupfen. Danach Wund- und Heilsalbe auftragen. Nicht zu dick, weil das meist stark fettende Salben sind. Melkfette gehen auch, parfümierte Cremes aber nicht. Wie stark gecremt wird, kommt auf den Hauttyp und die Gewohnheit an. Wenn du also auch sonst nicht tausend Cremes benutzt, solltest du es auch jetzt nicht übertreiben.

Viertens: Milchhaut!
Bitte nicht wundern, wenn die komplette Reinheit des Tattoos nicht gleich nach der Entfernung des Schorfes sichtbar wird. Wenn der Schorf runtergeht, müssen sich erst mal die Hautschichten neu bilden. Man nennt das Milchhautbildung. Das kennen alle, die als Kind mal mit dem Rad hingeflogen sind und sich das Knie aufgeschlagen haben. Der Schorf geht ab, und darunter kommt helle verschrumpelte Haut zum Vorschein. Dasselbe passiert nach dem Tätowieren. An den wunden Stellen wirkt das Tattoo blass und uneben. Das legt sich. Mit dem Bilden neuer Hautschichten, zieht sich das wieder straff.

Fünftens: Nachstechen!
Bei Bedarf muss das Tattoo nachgestochen werden. Das Nachstechen sollte immer im Preis inklusive sein. Nicht zum fünften Mal nach fünf Jahren, aber drei, vier Wochen nach der Sitzung bei der Abschlusskontrolle gehört es bei Bedarf dazu.

WER LÄUFT GEFAHR, SICH EIN BESCHISSENES TATTOO EINZUHANDELN?

Die Antwort in Kurzversion: die Unentschlossenen, die Entschlossenen, die Kreativen, die Anspruchsvollen, die Anspruchslosen, die Nachmacher und die Emotionalen.

»Hä?«, fragen sich jetzt ein paar aufmerksame Schlaufüchse. »Tickt der Krause noch ganz richtig? Das waren doch jetzt alle Tattoo-Typen, die er uns vor ein paar Seiten runtergebetet hat, oder?«

Stimmt, das waren sie. Weil ich der Meinung bin, dass ausnahmslos jeder sich ein beschissenes Tattoo einfangen kann. Weil wir alle Menschen sind und Fehler machen. Beim Ersten ist es ein

Hangover-mäßiger Supersuff, beim Zweiten die Ungeduld nach dem finalen Entschluss, sich tätowieren zu lassen, beim Dritten die Unerfahrenheit, beim Vierten Imponiergehabe, beim Fünften Unsicherheit und beim Fünfhundertsten einfach nur Blödheit. Fakt ist: Keiner von uns sollte mit ausgestrecktem Zeigefinger auf ein misslungenes Tattoo zeigen und sagen: »So was kann mir nicht passieren.« Ich bin sogar der Meinung, dass gerade Leute, die das tun, Gefahr laufen, selber bei einer Gurke zu landen. Weil sie keinen Respekt vor ihren Mitmenschen haben. Und wer keinen Respekt vor seinen Mitmenschen hat, wird auch nie genügend Respekt vor der Kunst und dem Akt des Tätowierens aufbringen können, um selbst verantwortungsvoll mit ihm umzugehen. So.

Also, mach dir klar: Auch dich kann es treffen – aber wenn du mit Respekt an die Sache herangehst, ist die Gefahr deutlich geringer, »beschissen zu werden«!

WIE GEHT MAN MIT EINEM BESCHISSENEN TATTOO UM?

Zur ersten Möglichkeit im Umgang mit einem beschissenen Tattoo, kann ich nur sagen: siehe Anfang dieses Kapitels. Wer der eigenen Baustelle mit Gleichgültigkeit oder zumindest Akzeptanz begegnet, kann zumindest seinen Frieden mit ihr machen. Ob er sich mit der daraus resultierenden Untätigkeit einen Gefallen tut, muss jeder selber wissen. Michelle Hunziker ist für mich, wie gesagt, eher ein Beispiel unterlassener Hilfeleistung an sich selbst, weil die Macken ihres Tattoos so leicht auszubessern wären, bei großflächigeren Projekten hängt es vom Murksgrad ab, ob die Situation durch Nachhelfen oder Entfernen verbessert oder verschlimmert wird.

Womit schon zwei der drei verbleibenden Umgangsformen genannt wären, die da lauten: verstecken, aufarbeiten, wegmachen! Meine Erfahrung zeigt: das Erste ist keine Lösung. Zu mir kommen immer wieder Leute in den Laden, die jahrelang versucht haben, ihre Tattoo-Sünden zu verstecken, und darüber solche Paranoia oder Komplexe entwickelt haben, dass ihr Selbstvertrauen völlig im Eimer ist. Es gibt tatsächlich Frauen, die jahrelang auf Sex verzichten, weil sie Angst haben, wegen ihres Arschgeweihs ausgelacht zu werden. Und es gibt Typen, die sich von ihrem Freundeskreis zurückziehen, sobald im Sommer die Schwimmbad- und Badeseesaison anfängt, nur weil sie sich für ihren Feuerteufel auf der Leiste schämen. Verschenkte Lebensqualität! Denn nach ein paar Jahren ist der Leidensdruck bei diesen Kandidaten in der Regel so hoch, dass sie doch bei mir im Laden landen und nach Cover-Ups oder Laser fragen, die dann in die Kategorien »Aufarbeiten« und »Wegmachen« fallen. Die sind für dieses Buch so wichtig sind, dass sie ein eigenes Kapitel bekommen. Einmal umblättern, bitte!

11.

Lasern, Covern, Camo –
Tattoos entfernen,
aber richtig!

Da sind wir also beim Thema, mit dem ich mich immer so unwohl fühle, weil es ein bisschen was von Kapitulation und Vergeblichkeit hat und außerdem so viele Unfertigkeiten beinhaltet: die Entfernung von Tattoos. Ich wiederhole mich gerne, wenn ich sage: Ich selbst halte nicht viel davon. Deshalb handelt dieses Buch auch nicht von der Kunst, beschissene Tätowierungen zu entfernen, sondern davon, sie zu vermeiden. Ein großer Unterschied, der meiner Meinung nach mit Selbstachtung zu tun hat. Wer von vornherein darauf achtet, dass er seinem Körper nichts antut, was er später bereut, erspart sich nicht nur viel Ärger, Geld und Gedankenmüll, er hat einem großen Teil der Menschheit auch eine Gabe voraus: das Wissen darum, wer er selber ist. Klingt jetzt furchtbar pathetisch, ist aber so. Nur jemand, der sich ein Tattoo machen lässt, weil er sich davon erhofft, es könnte seine Persönlichkeit verändern, ist später mit der unbefriedigenden Tatsache konfrontiert, dass der Plan erstens nicht aufgegangen ist, und zweitens das Tattoo zu einem lästigen Brandmal des Versuchs geworden ist, jemand anders zu sein. Deshalb haben wir auf den vorangegangenen Seiten ein bisschen Denksport gemacht, der bei Anfängern hoffentlich dazu führt, dass sie dieses Kapitel nur noch überspringen oder überfliegen. Weil sie gar nicht erst in die Misere kommen, ein Tattoo komplett entfernen zu wollen. So ein Gang zum Lasern ist auch nicht gut fürs Selbstwertgefühl. Er ist immer eine kleine Niederlage. Weil er außerdem mit vielen Irrtümern verbunden ist, arbeiten wir diese Methode anhand der zehn größten Irrtümer ab, die über sie im Umlauf sind.

LASERN – DIE TOP-TEN-IRRTÜMER

10 Die Farbe wird komplett aus dem Körper gewaschen

Stimmt nicht. In gewisser Weise ist sogar das Gegenteil der Fall. Der Laserstrahl dringt stoßweise in die Haut ein und zerstört dadurch die Farbpigmente, die nach dem Tätowieren in der Haut abgekapselt wurden. Die Farbkristalle werden dadurch erst mal freigesetzt, um später von Körperfresszellen getilgt zu werden. »Ausgespült« werden sie definitiv nicht.

9 Einmal hin, alles weg

Selbst kleine Tattoos sind nie gleich nach der ersten Lasersitzung komplett verschwunden. Sie verblassen nur nach jeder neuen Behandlung ein bisschen mehr. Als Mindestanzahl werden in der Regel fünf Behandlungen angesetzt, bei aufwendigeren Projekten können es bis zu 15 werden. Definitiv ein langwieriger Prozess, weil zwischen den einzelnen Sitzungen jeweils vier Wochen Pause gemacht werden sollten.

8 Man bezahlt eine Entfernungspauschale

Leider nein. Man zahlt keinen Festpreis für das Ergebnis, sondern für die Etappen auf dem Weg dorthin. Heißt: Für jede Laser-Sitzung muss einzeln geblecht werden. Bei Durchschnittstarifen von 50 Euro pro Sitzung kann das ganz schön ins Geld gehen – das ist besonders frustrierend, wenn die Kosten, die das Tattoo ursprünglich mal verursacht hat, bei seiner Entfernung um das

Fünf- bis Zwanzigfache überschritten werden, was nicht unge-
wöhnlich ist.

7 Die Krankenkasse übernimmt die Kosten

Ich habe es noch nie erlebt, dass eine Krankenkasse die Kosten für
eine Tattoo-Entfernung übernommen hat. Ich habe nur gehört,
dass es theoretisch möglich ist, wenn die gefährdende Wirkung
des Tattoos für die eigene Gesundheit nachgewiesen werden kann.
Wie das gehen soll? Keine Ahnung. Außerdem habe ich auch
schon gehört, dass Michael Jackson noch lebt und Whitney Hous-
ton in Wirklichkeit Bobby Brown ist. Geredet wird viel.

6 Die Haut ist danach unbeeinträchtigt

Bei der Zerstörung der Tattoo-Pigmente kann es passieren, dass
die natürlichen Pigmente, die für die Hautfärbung zuständig sind,
in Mitleidenschaft gezogen werden. Ist das der Fall, entstehen
nach dem Lasern bleibende helle Flecken. Und: Auch hier kann
es, besonders bei langwierigen Projekten, zu Vernarbungen kommen, durch die sich die gelaserte Stelle in Oberflächenstruktur
und Färbung von ungelaserter Haut unterscheidet.

5 Es tut nicht weh

Ich hab es selbst nie gemacht, also will ich mich nicht zu weit aus
dem Fenster lehnen, aber ich habe die Jungs und Mädels, die bei
unserem Laserexperten drinsaßen immer mal wieder gefährlich
laut quieken hören. Und das hatte definitiv nichts damit zu tun,
dass unser Mann so übertrieben freundlich zu ihnen war. Auf
Nachfrage sagen manche, es fühlt sich an wie »kleine Blitze«, die
anderen beschreiben es als »schneidende Hitze«. Das Letzte passt
zu der Tatsache, dass bei der Behandlung zur Linderung oft ein
Schlauch mit kühlender Luft zum Einsatz kommt. Quiek!

4 Es gibt eine Erfolgsgarantie

Erfolgsgarantien gibt es nicht, und je bunter und größer ein Tattoos ist, desto unwahrscheinlicher ist seine komplette Ausradierung. Genau wie grellere Farbtöne von manchen Hauttypen schlechter aufgenommen werden, werden sie nach der Laserbehandlung gegebenenfalls auch schlechter abtransportiert. Im schlimmsten Fall sieht das dann aus wie ein blauer Fleck in bunt. Mehrfach übergestochene Tattoos sind sowieso hartnäckig zu entfernen, weil dort mehrere Farbschichten durchdrungen werden müssen.

3 Nachsorge ist unnötig

Der Laser geht unter die Haut, ohne sie zu zerstören. Er reißt also nicht wie eine Tätowiernadel ihre Oberfläche auf. Aus dieser Tatsache wird oft abgeleitet, dass keine Wunde entsteht und somit keine Pflege nötig ist. Das stimmt nicht. Genau wie nach dem Tätowieren muss auch nach dem Lasern gecremt und die Haut geschont werden. In den ersten vier Wochen wird geraten, die betroffene Stelle vor Sonneneinstrahlung zu schützen oder wenigstens mit Sun-Blocker zu behandeln.

2 Laserbehandlungen sind alternativlos

Alternativlos nicht, aber sie sind die schonendste Variante der Tattoo-Entfernung. Die Bezeichnungen weiterer Methoden wie »Hauttransplantation« und »Abschleifen« klingen so brutal wie sie sind. Beim ersten Verfahren wird das tätowierte Stück Haut von einem Chirurgen unter Narkose weggeschnitten. Bei kleinen Flächen werden die Schnittkanten einfach wieder zusammengenäht, bei größeren muss ein Stück »Ersatzhaut« her. Narben sind garantiert. Beim Abschleifen werden die tätowierten Hautschichten tatsächlich mit einem rotierenden Schleifer abgetragen. Damit das funktioniert, muss die zu behandelnde Stelle vorher vereist werden. Gruselig und noch teurer als Lasern. Und was die berühmten Fade-away-Tinkturen angeht: Die wären sicher noch deutlich sanfter als eine Laserbehandlung, aber bevor ich sie als wirkliche Alternative ernst nehme, muss mir erst mal jemand zeigen, dass sie wirklich funktionieren.

1 Lasern geht auch zu Hause

Ähm… Wie sag ich das jetzt? Wenn man's genau nimmt, ist dieses Missverständnis keins. Denn natürlich kann man sich im Zeitalter des Online-Handels Lasermaschinen schwarz ins Wohnzimmer bestellen. Meist sind diese Geräte aber so schwachsinnig teuer, dass hoffentlich allein der Preis Abschreckung genug ist. Wer trotzdem auf eigene Faust loslasert, handelt illegal, solange er keine Ausbildung zum Laserschutzbeauftragten hinter sich gebracht hat. Die kann man in Seminaren machen, die über Funktion, Risiken und Auswirkungen der Lasertechnik Auskunft geben. Man kann es aber auch lassen und gleich zum Experten gehen.

Oder aber… Man entscheidet sich nach der Ausräumung aller Irrtümer doch noch für den Krause-Style und lässt das ungeliebte Tattoo per Cover-Up zu einem liebenswerten Motiv umbauen.

COVER-UP – DER GLÜCKLICHE WEG

Ich würde vermutlich anders zu ihnen stehen, wenn mich nicht immer wieder das ungläubige Glück in den Augen von Kunden umhauen würde, die ihre abgedeckten Scheiß-Tattoos angucken. Und wenn ich es nicht immer wieder faszinierend fände, wie Komplettunfälle durch neue Farben, Techniken und Künstler zu Meisterwerken umgearbeitet werden. Und wenn ich der Cover-Up-Methode nicht selbst ein paar erlösende Momente der Rettung verdanken würde, zu denen auch die Abdeckung der

Amateur-Rose vom Anfang meiner Tattoo-Laufbahn und Teile des alten Samuraidrachens gehören. Für mich ist Covern nicht weniger als das Elixier, das verflossene Liebschaften wieder in Schwung bringt. Leute, die des Tätowierens müde geworden sind, lernen es dadurch neu zu schätzen, Menschen, die mit dem Schatten des Selbsthasses in den Laden kommen, gehen nach dem Covern hoch erhobenen Hauptes wieder raus. Außerdem ist jede gelungene Abdeckung ein Beitrag zur Ehrenrettung des Tätowiererberufs.

Und sollte jetzt irgendjemand schreien, dass Covern nicht ins »Tattoos entfernen«-Kapitel gehört, schreie ich zurück: Tut es doch! Weil es alte Sünden wirklich verschwinden lässt und mithilfe raffinierter Schattierungen sogar wulstige Tattoo-Narben zum Teil eines stimmigen Bildes machen kann. Der Rest ist ein optisches Spektakel, für das ich auf den Bildteil in der Mitte dieses Buches verweise.

CAMOUFLAGE-MAKE-UP – DIE ÜBERGANGSLÖSUNG

Ich komme später noch dazu, dass bisher alle Versuche, mit Bio- oder Contemporary-Tattoo eine Tattoo-Kultur auf Zeit zu etablieren gescheitert sind, umgekehrt funktioniert das Übergangserlebnis aber schon. Wer sein halbes Leben zugeschwartet mit Tattoos durch die Welt gelaufen ist und vergessen hat, wie er ohne sie aussieht, kann sich mit Camouflage-Make-up für einen Tag oder ein paar Stunden in den Zustand der Unbefleckheit zurückversetzen. Für Leute wie mich ein lustiges Experiment. Ich gebe allerdings zu, dass ich bisher zu faul und zu geizig war, um mir mit viel Aufwand und jeder Menge teurem Make-up auch das letzte Bildchen auf meinem vollgemalten Körper zu überpinseln. Außerdem wurde Camo-Make-Up auch nicht für Leute wie mich erfunden. Vielmehr wurde es entwickelt, um Leuten, die sich nicht in jeder Lebensphase über ihre Tattoos identifizieren lassen wollen, die Möglichkeit zu bieten, bei Bewerbungsgesprächen oder Familienfesten ihre Bilder auf der Haut zu verstecken. Hört sich eigentlich total simpel an, war aber lange Zeit schwierig. Entweder man musste zehn verschiedene Schichten auftragen, um endlich auch den letzten Strich abgedeckt zu haben, oder es kamen Schminkpasten daher, die zwar gut deckten, aber nach dem Trocknen anfingen brüchig zu werden. Jedoch: Im Zuge der modernen Tattoo-Begeisterung hat die Kosmetikindustrie Lunte gerochen und sich ordentlich ins Zeug gelegt, sodass es inzwischen funktionierende Produkte für jeden Hauttyp und jede Gelegenheit gibt. Infolgedessen greifen sogar professionelle Models aufs Wegschminken zurück, um ihre Wandlungsfähigkeit unter Beweis zu stellen oder konservative Kunden zu besänftigen, und auch in der Kunst wird immer öfter mit der Was-wäre-wenn-Faszination des untätowierten Tätowierten gearbeitet. Auf der Tattoo-Convention in Köln habe ich zum Beispiel Philipp Haas kennengelernt, einen Fotodesigner, der eine Reihe von großformatigen Hologramm-Porträts entwickelt hat, auf denen Leute zu sehen sind, die je nach Betrachtungswinkel des Bildes schmucklos nackt oder brutal zugehackt sind. Wenn ich in Philosophierlaune wäre, könnte ich in diesem Zusammenhang ein bisschen über die Funktion von Tätowierungen als Rüstungen und Schutzschilde schwadronieren, aber ich lasse lieber einen Mann ran, der tatsächlich eine eindrucksvolle Erfahrung mit Camouflage vorweisen kann. Ab der nächsten Seite macht mein Kumpel Hagen Stoll ausnahmsweise mal keine Musik, sondern tut das, was er definitiv genauso gut kann wie ich, aber nur fast so gut wie singen: labern. Und wenn er damit fertig ist, werd ich doch noch zum Philosophen.

12.

Krauses Family: Hagen Stoll

»Tätowieren ist der einzige Schmerz, auf den man sich freuen kann!«

Hagen Stoll kenne ich, seit wir uns als kleine Bengels bei Fußballspielen im Berliner Cantianstadion über den Weg gelaufen sind. Seitdem war er Rapper (»Joe Rilla«) und Rocker (Haudegen). In seinem Soloalbum »Talismann« entdeckte er schließlich den Blues. Seine Liebe zu Tattoos hat ihn immer begleitet. Ich auch. Sein Beitrag zu diesem Buch ist also Ehrensache.

Als mein Kumpel Sven und ich das erste Haudegen-Album *Schlicht und ergreifend* rausgebracht haben und es Platz neun in den Charts gepackt hat, haben wir eine Aktion gestartet: Wir haben den Leuten gesagt, dass wir sie mit auf unserem Weg nehmen wollen. Sie sollten uns die Kassenbons ihrer CD-Käufe schicken und ihre Namen dazuschreiben, und wir lassen uns die Namen jedes Einzelnen tätowieren. So ist es dann passiert, ein Mann, ein Wort eben. Beim Konzert ist es immer ein Highlight, wenn wir vorne den Fuß auf die Monitorbox stellen, langsam die Hose hochziehen und die ersten zehn Reihen erkennen, dass da die Namen der Fans auf dem Bein stehen. Abgeschlossen ist die Aktion noch lange nicht: Bei mir zu Hause stehen noch immer zwei dicke Tüten mit Kassenzetteln rum, die tätowiert werden müssen. Diese Fleißarbeit wird der Mann erledigen, der uns schon die ersten paar Hundert Namen draufgekratzt hat: Krause. Und damit willkommen im Land der Tattoo-Verrückten!

Diese Geschichte verdeutlicht, welchen Stellenwert Tattoos sowohl in meinem eigenen Leben als auch in der Welt von Haudegen haben. Für mich sind Tätowierungen der einzige Schmerz im Leben, auf den man sich freuen kann. Wenn man das mag, bleibt man dabei. Das wusste ich schon, als ich mir meine ersten beiden Motive stechen ließ: einen Violinschlüssel auf den rechten und einen Bassschlüssel auf den linken Unterarm. Diese Tattoos waren nicht weniger als ein äußeres Zeichen dafür, dass ich einen Entschluss fürs Leben gefasst hatte. Fernab von Familie und allem, was mich damals umgab, hatte ich für mich selbst beschlossen: Ich entscheide mich für die Musik und werde Sänger. Ich wollte, dass jedes Mal, wenn ich ein Mikro in der Hand halte, die Leute die beiden Schlüssel sehen können, deshalb sind sie kopfüber gestochen. Und auch wenn ich inzwischen bis unters Kinn zugescheppert bin, achte ich darauf, dass diese beiden Symbole erkennbar bleiben – immerhin markieren sie den Anfang einer langen Reise. Mitte der Neunziger, Marzahn-Zeiten: Ich war damals eher Rap- und Street-Art-mäßig unterwegs. In dieser Szene haben sich Tattoos nicht wirklich aufgedrängt, und gesellschaftlich waren sie sowieso noch nicht so etabliert wie heute. Aber ich hatte Freunde, die in der Uhlandstraße in Potsdam in einem besetzten Haus wohnten und meinten, sie kennen da »einen Typen, der Tattoos macht«. Zu dem bin ich hin. Kleine, vollgestellte Wohnung; nicht schön, eher heruntergekommen. Das Erste, was ins Auge fiel, war ein Sessel im Wohnzimmer, der aussah wie ein abgerockter Gynäkologenstuhl. Das Zweite war der Tätowierer, ein Punk. Normalerweise hat er wohl Iro getragen, aber bei meiner Ankunft waren seine schwarz-grünen Haare wie ein Hahnenkamm zur Seite gekämmt. Er hatte alles schon aufgebaut, und auch der Entwurf war fertig, also ging es direkt drauflos. Ich ließ mir nicht anmerken, wie hibbelig ich war. Kumpels hatten mir ja von dem Schmerz erzählt, und auch wenn jeder ihn anders beschrieben hatte, hatte ich einen Heidenrespekt davor. Ich selbst kann mich nur noch dran erinnern, dass es auf einmal heiß wurde. Ich habe die Nadel nicht im eigentlichen Sinne gespürt, es wurde einfach nur heiß auf der Haut. Wie heiß? Keine Ahnung. Aber hätte mir jemand gesagt, da geht jemand mit dem Lötkolben lang, hätte ich es ihm abgenommen. Ich habe trotzdem beim Tätowieren zugeguckt.

Das tue ich bis heute gern. Etwas, das ich sehe, tut mir weniger weh als etwas, das ich nicht sehe. Ich kann den Schmerz dann besser nachvollziehen.

Der Tätowierer und ich haben uns während dieser ersten Sitzung kaum unterhalten. Es war eine reine Dienstleistung: Ich kam, nahm einen Service in Anspruch, zahlte dafür und ging wieder. Ich weiß nicht mal mehr, wie der Typ hieß. Aber ich bin ihm bis heute dankbar: Die Schlüssel mussten nie nachgestochen werden und sehen immer noch gut aus. Damals war ich stolz wie Bolle. Zwei Tattoos beim ersten Termin! Damit war der Stein ins Rollen gebracht, oder, wenn man so will, die Nadel zum Rattern. Ich wusste sofort, ich würde so lange weitermachen, bis ich in den Spiegel gucke und sage: »Jetzt bin ich fertig.« Auf diesen Moment warte ich immer noch.

Ich verfolge beim Tätowieren kein starres Konzept, aber es gibt Orientierungshilfen: Farblich bleibe ich bei Grau, bunte Motive will ich nicht. Das liegt an dem Bild von Tattoos, mit dem ich aufgewachsen bin, und das ist von Typen geprägt, die grau tätowiert waren; von den Zuchthausdecken und Knastjacken, vor denen ich als kleiner Junge gestanden habe und dachte »Was für ein cooler Typ!«. Ein frühes Ideal. Mein einziges rotes Tattoo ist der Schriftzug vom Haudegen-Album *En Garde*, weil ich den selbst entworfen habe und auch meine Mutter ihn sich hat tätowieren lassen, weil sie meine Musik so liebt. Ein zweites Leitmotiv ist die Aufteilung in eine gute und eine schlechte Hälfte. Die linke Seite ist die Herz-Seite, da verarbeite alles, was mir sprichwörtlich am Herzen liegt. Rechts werden die bösen Dinge verarbeitet, Fehler und Missgeschicke, an die ich mich erinnern will, um aus ihnen zu lernen.

Womit wir beim Stichwort »Fehler« wären! Ich kann mit Fug und Recht sagen, dass ich keins meiner Tattoos bereue, aber es gab Begegnungen mit Tätowierern, auf die ich lieber verzichtet hätte. Zwei Pannen, die für mich wie Mahnmale aus meiner Tattoo-Biografie hervorstechen, sind mein Rücken und ein total verhauener Spruch auf dem rechten Arm. Bei beiden war ich ungeduldig, habe überstürzt gehandelt und mich deshalb auf die falschen Tätowierer eingelassen. Ironischerweise lautete der Spruch: »One Day it will all make sense« – »Eines Tages wird alles einen Sinn ergeben«. Nachdem meine Kinder geboren waren, hat dieser Satz einfach super auf mein Lebensgefühl gepasst, und ich wollte ihn so schnell wie möglich als Tattoo haben. Wer's macht, war mir scheißegal, außerdem ging es ja nur um Schrift, die jeder Tätowierer locker runterreißt. Dachte ich zumindest – und lag damit so falsch wie selten in meinem Leben. Der Typ, der es gestochen hat, war ein Chaot aus Marzahn. Wir haben in einer Zweieinhalb-Quadratmeter-Plattenbauküche tätowiert, und ich habe dabei auf einem Rennwagenreifen gesessen – großartig assi! Der Typ hatte vorher erzählt, dass er voll die Ahnung hätte, doch in Wirklichkeit hatte er überhaupt keine. Hab ich zu spät gemerkt. Ich habe Qualen gelitten, die Linien wurden verwackelt, und obendrein hat es sich anschließend schlimm entzündet. Inzwischen sind oben die Outlines weg, und in der Armbeuge ist komplett die Farbe raus. Erst war ich sauer auf den Typen, dann war ich sauer auf mich selbst, weil ich so ungeduldig war. Ich hätte ja auch wieder zu dem Punk nach Potsdam fahren können. Aber nein, es musste ja schnell gehen. Selbst schuld, wenn man aus Ungeduld so einen Klatschbackenpfeffi an sich ranlässt! Ich lasse den Spruch auch nicht nachstechen, weil er mich immer an dieses Erlebnis erinnern soll. Mir haben schon oft Leute angeboten, ihn zu covern, nach dem Motto: »Komm, ich mach dir das weg, sieht doch scheiße aus!«. Solchen Leuten sage ich immer: »Ja, aber es sieht zu Recht scheiße aus!« Das Motiv würde durch Nachstechen und Ordentlichmachen seiner Geschichte beraubt. Trotzdem gut, dass es auf der rechten, also meiner schlechten Seite, gelandet ist.

Und damit zu meinem zweiten Super-GAU, dem Rücken. Da sollte ein großer Totenschädel drauf. Ich hatte schon ein paar Skulls, die die Hüfte hochliefen und immer größer wurden, und dieser sollte der größte und letzte werden. In Cottbus sollte es passieren, in einem richtigen Studio. Und weil wir extra hingefahren waren, hab ich großzügig drüber hinweggesehen, dass sich der Tätowierer überhaupt nicht im Griff hatte. Im Klartext: Er war druff wie Sau. Kokain! Lass dir niemals von einem Typen, der sich schon beim Hallo-Sagen die ganze Zeit nervös auf der Unterlippe rumbeißt, ein Tattoo stechen! Erst recht nicht an einer Stelle, von der du ohnehin weißt, dass sie empfindlich ist. Schon nach fünf Minuten sträubte sich mein gesamter Körper so heftig gegen jede Linie, die der Typ in meine Haut rührte, dass ich mich so hart am Stuhl festgekrallt habe, dass die Armlehnen verbogen sind. Das war Gusseisen, das kann man eigentlich gar nicht verbiegen. Trotzdem reagierte der Tätowierer nur mit: »Ach komm, nu hab dich nicht so!«. Ich bin aus Ehrgefühl und Männerstolz weitere fünf Minuten sitzen geblieben und hab die Zähne zusammengebissen. Und dann noch mal fünf Minuten, in denen ich die Augen geschlossen und mir bis ins kleinste Detail ausgemalt habe, wie ich den Typen fein säuberlich in seine Einzelteile zerlege. Hab ich am Ende nicht getan. Stattdessen hab ich gesagt: »Hör einfach uff, leg das Ding beiseite, wir lassen den Rücken jetzt einfach so lack und unfertig wie er ist, und du gehst ne Runde ausnüchtern.«

Danach bin ich aus dem Laden marschiert und habe nie wieder einen Fuß hineingesetzt. Wenn mir seitdem jemand mit »Hey, wir machen schnell deinen Totenkopf weiter« kommt, schicke ich ihn direkt in die Wüste. »Schnell« ist nicht mehr, da hab ich ein Trauma weg. Wenn überhaupt mal wieder jemand an meinen Rücken randarf, muss er Mega-Samthandschuhe anziehen. Bis dahin lebe ich lieber mit einer blanken Outline und dem Bewusstsein, dass ich ordnungsgemäß verkackt habe. Geht ja mittlerweile schon ein paar Jahre gut, und inzwischen ist diese Outline fast schon ein ebenso wichtiger Teil von mir wie die restlichen Tattoos – deren Bedeutsamkeit mir übrigens zum ersten Mal richtig bewusst wurde, als sie nicht mehr da waren.

Fürs Booklet von *En Garde* haben Sven und ich uns ohne Tattoos fotografieren lassen. Das war ganz krass: Erst wollten wir einfach nur Bilder von uns mit Photoshop bearbeiten, aber dabei sahen die Körper wie gemalt aus, also musste eine Visagistin kommen, die uns mit Airbrush und Make-up die Tattoos weggeschminkt hat. Sie hat uns so lange angesprüht, bis alles abgedeckt war. Ich hatte ein richtig mulmiges Gefühl dabei, weil da Schicht für Schicht ein wesentlicher Teil von mir verblasste – etwas, wodurch ich mich definiere und ausdrücke. Sven ging's ähnlich. Am Ende haben wir uns gefühlt, als würden wir in fremden Körpern stecken. Eine sehr interessante Aktion, um über sich selbst und die Beziehung zu den eigenen Tattoos zu reflektieren. Im CD-Booklet haben wir unsere Tattoo-Motive dann auf Gegenstände und Menschen projiziert, um zu symbolisieren, wie wir mit unserer Musik einen Teil von uns selbst weggeben. Aber ganz ehrlich: Ich bin heilfroh, dass diese Form von Weggabe mit Tattoos nicht in Wirklichkeit funktioniert. Denn auch wenn während der Fotosession kurz der Gedanke aufblitzte, »Krass, was man jetzt alles an neuen Motiven in Angriff nehmen könnte«, konnte ich die Schminke anschließend gar nicht schnell genug wieder runterwaschen. Ich bin ein eitler Typ und stehe gerne vorm Spiegel, um meine Tattoos anzugucken. Dieser Aspekt fehlte, als sie weg waren. Das machte mir klar, wie wenig ich darauf verzichten will.

Das Kurioseste an der Aktion war allerdings: Ich habe meiner Mutter die Abschminkfotos gezeigt, sie hat sie angeguckt und einfach nur gesagt »Mensch, das ist ja ein schönes Foto von dir.« Das war's. Ich meinte dann: »Mama, fällt dir nichts auf an dem Bild?« Sie schüttelte den Kopf. Erst als ich sie darauf hingewiesen habe, dass meine Tattoos fehlten, meinte sie: »Hoppla, du hast recht.« Das war für mich der Beweis dafür, dass Menschen, die dich lieben und nehmen wie du bist, deine Tattoos nach einer Weile überhaupt nicht mehr sehen. Für die ist ein Tattoo wie ein Leberfleck oder eine Narbe, es gehört halt zu diesem Menschen.

Es gibt allerdings sogar bei mir Stellen, an denen ich mich nicht tätowieren lassen würde. Eine davon ist mein Gesicht. Tränen auf der Wange oder ein Kreuz auf der Stirn? So einen Quatsch mache ich nicht. Obwohl … Sag niemals nie! Die Beine wollte ich mir eigentlich auch nie tätowieren lassen, aber dann kam die Aktion mit den Fan-Namen, und ich sagte mir: Dafür braucht man Platz, und die Fans sind die Beine, auf denen ich stehen kann, also scheiß auf alte Prinzipien. Ich hab's nicht bereut. Im Herbst sitze ich wieder bei Krause und lasse mir ein paar Dutzend neue Namen tätowieren. Dieses Versprechen kann ich gleich mit meinem Universaltipp für alle Tattoo-Neulinge verbinden: Lasst euch nicht im Sommer tätowieren! Bei Hitze schwitzt der Körper, und die Heilungsprozesse ziehen sich unnötig in die Länge. Im Herbst, Winter oder Frühling ist es kühler, und die Haut arbeitet nicht so stark. Gute Voraussetzung für eine entspannte Sitzung, zumal man dann im Sommer mit ausgeheiltem Tattoo losziehen kann, statt mit Folie über der Haut oder frischer Wunde baden zu gehen.

13.

Generation Tattoo 2 – Warum heute eigentlich alle einen Stich haben

»Und was ist mit dir? Warum willst du ein Tattoo haben?«

»Ich will mich individueller machen.«

»Machst du Witze?«

»Nö, wieso?«

»Individuell ist heute doch schon eher, kein Tattoo zu haben. Hahaha!«

»Äh … Meinst du wirklich?«

»Quatsch, war'n Scherz!«

»Ach so. Hahaha! Lustig. Und was lässt du dir stechen?«

»Unendlich-Zeichen. Geile Idee, wa?«

»Äh …«

»Kam mein Freund drauf.«

»Aha.«

»Deshalb kommen unsere Initialen in die Innenräume.«

»Mmh …«

»Dadurch wird's dann wirklich voll individuell.«

»Äh … Na ja …«

»Warum guckst'n du auf einmal so komisch?«

»Äh… Genau dasselbe hatte ich auch vor.«

»Wie jetzt? Unendlich-Zeichen?«

»Mit Initialen von meinem Freund und mir.«

»Ach so …«

»Schlimm?«

»Quatsch. Scheiß auf Individualität. Zusammen sind wir stärker, Schwester!«

»Hahaha! Gib fünf!«

Klatsch!

Okay, das war jetzt etwas zugespitzt, aber so ähnliche Dialoge gibt es in meinem Laden inzwischen wirklich. Erst versichert man sich der eigenen Individualität, dann merkt man, dass es damit in puncto Tattoos inzwischen gar nicht mehr so weit her ist, und deswegen einigt man sich auf das Zusammengehörigkeitsgefühl. Vor Kurzem saß ich mit einer Runde befreundeter Tätowierer zusammen, und wir fragten uns, ob der Tattoo-Hype nicht bald wieder nachlassen müsste. Da sagte der Jüngste aus der Runde im Brustton der Überzeugung: »Nee, wie denn? Tattoos sind das neue Wir-Gefühl.«

Das stimmt. Es geht beim Tätowieren inzwischen weniger um die gesellschaftliche Abgrenzung, aus der heraus es früher betrieben wurde, es geht immer stärker ums Dazugehören. Dass zunehmend mehr Menschen tätowiert sind, führt entgegen allen Unkenrufen also nicht dazu, dass immer weniger dazukommen.

Ich vergleiche das immer mit der Werbeindustrie: Dort werden Reizpunkte geschaffen, um den Kunden dazu zu motivieren, irgendeinen Mist zu kaufen. Sex, Liebe, Angst, Schmerz und Glück sind die existenziellen Dinge, die uns als Menschen antreiben und weitermachen lassen, gerade in einer Zeit, in der wir alles zu haben scheinen und über den Zenit unserer eigenen Zivilisation hinauszuwachsen scheinen. Deswegen verwendet man sie gerne in der Werbung.

Drei von diesen fünf Punkten werden beim Tätowieren bedient: Du hast Angst, bevor es losgeht; du durchlebst Schmerz, während es passiert; und du hast einen Endorphinausstoß, also ein starkes Glücksgefühl, wenn es vorbei ist. Diese intensiv empfundenen Schlüsselreize haben 13 Millionen Tätowierte in Deutschland in ihrem Kleinhirn abgespeichert. Das heißt: Sobald diese 13 Millionen Menschen einen Werbespot oder ein Plakat oder einen Film mit einem tätowierten Menschen sehen, reagieren sie darauf mit einem positiven Gefühl. Egal, ob bewusst oder unbewusst. Das hat wiederum die Werbeindustrie erkannt und nutzt den Identifikationspunkt Tattoo gezielt, um Leute auf ihre Produkte aufmerksam zu machen. Dass sie dabei gleichzeitig zur weiteren Verbreitung und Etablierung des Tattoo-Ideals beiträgt, ist vielleicht nicht Ziel der Übung, aber es ist Fakt.

So schließt sich der Kreis und die Frage, warum heute alle einen Stich haben, wäre beantwortet. Ein Hoch auf uns!

14.

UV, Bodymod und Schrott – Sieben Newcomer-Techniken

Mund-Tattoos

Bei Miley Cyrus wird es nicht ihre Musik sein, die die Zeit über-
dauert, sondern eine Unzahl von Tattoos auf den Innenlippen
kleiner Mädchen, die der ehemaligen Hannah Montana nachei-
fern. Eigentlich gab es die Dinger schon lange vorher, nur dass vor
Miley in erster Linie Schriftzüge wie »Love«, »Lip« oder »Leck
mich« üblich waren, während seit der Meldung über ihre traurige
Katze auf der Innenlippe immer mehr Kleinmotive gefordert werden. Die Hardcore-Variante der Mund-Tattoos sind Bilder auf
dem Gaumen, die einerseits schmerztechnisch eine Herausforde-
rung sind, andererseits ein sehr ruhiges Händchen und hohes Geschick auf Seiten des Tätowierers erfordern.

UV-Tattoos

Spannende Sache! Ein Mensch läuft den ganzen Tag frei von Tattoos herum, aber sobald er sich in der Disco ins Schwarzlicht
stellt, kommen auf seiner Haut Bilderlandschaften in fluoreszie-
renden Farben zum Vorschein. Der Trick: Er hat UV-Tattoos. Ein
interessanter Effekt und gerade für Leute, die viel feiern, ein geiles
Partygimmick. Die Dinger werden bei uns im Laden auch regelmäßig gefordert. Meine Antwort auf die Frage »Macht ihr auch
UV-Tattoos?« lautet dennoch: »Leider nein.«

Das hat einen einfachen Grund: Bisher enthalten alle Farben, die leuchten, Giftstoffe und Phosphate, die der Haut schaden. Je greller die Farben, desto fieser die Nebenwirkungen. Deshalb sind UV-Tattoos in Deutschland auch nicht zugelassen.

Außerdem finde ich, dass ein Tattoo, dass man nur im Schwarzlicht sieht, kein richtiges Tattoo ist. Ich stehe zwar dafür ein, dass Tattoos Körperschmuck sind und sein sollen, aber wenn sie nur bei bestimmten Anlässen und mit einer bestimmten Technik sichtbar werden, kann man sich genauso gut auch ein Bodypainting machen lassen, dabei gibt es auch Farben, die im Dunkeln leuchten.

Augapfel-Tattoos

Gefängnisse haben als Lieferanten von Tattoo-Innovationen ausgedient? Von wegen! Vor ein paar Jahren wurde von einem amerikanischen Häftling namens David Boltjes ein neuer »Trend« begründet, als er und einige seiner Mitinsassen mit Augapfel-Tattoos an die Öffentlichkeit gingen. Dabei wird das Auge so lange mit einer Farbspritze bearbeitet, bis der Bereich, der normalerweise weiß ist, komplett eingefärbt ist. Mit anderen Worten: Zombie-Look. Die Technik sorgte für einiges Aufsehen und wurde medial sehr gehypt, der viel beschworene Trend blieb aber aus. Und für alle, die es sich nicht sowieso schon gedacht haben: Nein, wir machen diese Technik nicht bei Classic Tattoo, zumal es gar keine offizielle gibt.

Zahn-Tattoos

Dass diese Dinger den Namen »Tattoo« tragen dürfen, regt mich fast ein bisschen auf, aber es ist nun mal so: Kleine Bildchen, die auf die Zähne geklebt werden, eine Zeit lang das Lächeln ihrer Träger zum Hingucker machen und dann irgendwann von selbst abfallen? So was hat mit Tätowierkultur ungefähr so viel zu tun wie Karate Kid mit Schlittschuhlaufen. Alles, was weder schmerzt noch ewig ist, ist für mich kein richtiges Tattoo.

Temptoos

Wo wir gerade von »keinem richtigen Tattoo« sprechen: Auch Bio-Tattoos oder »Temptoos« fallen für mich unter diese Kategorie. Aber das habe ich vorhin schon mal gesagt, deshalb nur so viel: Übergangstattoos, die wieder weggehen, funktionieren nur mit Henna. Jeder, der etwas anderes verspricht, lügt.

Bodymodification

Mir persönlich ist es zu blutig, aber machen kann man es: Bodymodification. Statt mit Farben Muster in die Haut zu malen, werden hier mit einem Skalpell Hautschichten weggeschnitten, die später vernarben, sodass echt abgefahrene Bilder dabei entstehen. Unter dem Begriff »Bodymod« wird aber nicht nur die Kultur der Narben-Tattoos zusammengefasst: Auch Chips unter der Haut, die kuriosen »Donut-Heads« oder die kleinen Teufelshörnchen auf der Stirn gehören in diese Kategorie.

White Tattoos

Sie leuchten nicht im Dunkeln, aber sie setzen trotzdem durch Helligkeit Akzente: Tattoos aus weißer Farbe. Die sind gut für Leute, die ihre Tattoos nicht verstecken wollen, denen ein fetter dunkler Schriftzug auf der Haut aber zu krass ist. Der besondere Effekt dieser weißen Tätowierungen: Sie wirken nicht wie Tätowierungen. Erst beim zweiten Mal hingucken sind sie als solche zu erkennen. Das macht ihre Träger sehr interessant, und es hat obendrein den Effekt, dass sie angeblich in fünfzig Prozent der Fälle tatsächlich nach fünf Jahren verblassen. Diesbezüglich bin ich aber selbst noch in der Testphase: Ich habe mir ein paar weiße Floralornamente auf die Brust stechen lassen. Ist aber okay, wenn die draufbleiben.

15.

Krauses Family:
Makani Terror

»Am liebsten hätte ich drei Körper zum Vollmalen!«

Makani Terror ist eine Tattoo-Göttin. Als Geschäftsfrau ist sie Mitbetreiberin von »Fallout Tattoo« im hessischen Münzenberg, als Model hat sie die Titelblätter aller wichtigen Tätowiermagazine aus den USA, Südamerika und Europa geschmückt. Dass hinter der göttlichen Fassade ein feiner Mensch steckt, weiß jeder, der Makanis Geschichte kennt – die sie auf den folgenden Seiten erzählt.

Tattoos sind mein ganz persönliches Schönheitsideal. Ich finde bunte Haut einfach schöner als untätowierte, das habe ich schon relativ früh erkannt. Schon mit zehn oder elf hab ich mir die ersten Tattoo-Magazine gekauft und mich in diese Kunst verliebt. Wahrscheinlich war das meine Art, mich von meiner Umwelt zu emanzipieren. Ich bin in Duderstadt aufgewachsen, einem erzkatholischen Dorf in Niedersachsen. Das war eine Welt, in der ich nie Fuß gefasst habe. Als Kind war ich die graue Maus, die gemobbt wurde, als Jugendliche war ich das Punk-Mädchen mit bunten Haaren, zerlöcherten Hosen, Springerstiefeln und einer Flasche Bier in der Hand. Beide Phasen waren durch Ablehnung geprägt: Ich habe meine Umwelt abgelehnt, meine Umwelt hat mich abgelehnt, und vor allem hab ich mich selbst nicht geliebt. Dass all diese Punkte sehr eng miteinander zusammenhängen, war mir damals nicht klar. Zu der Erkenntnis haben mich tatsächlich die Tattoos geführt. Durch sie habe ich ein Ich kreiert, das ich lieben konnte und als schön empfinde. Dadurch hat sich auch meine Sicht auf die Welt verändert. Das ist fast wie die Geburt einer neuen Person, nur dass es natürlich nicht von heute auf morgen passierte, sondern ein jahrelanger Prozess war.

Mein erstes Tattoo hab ich mit 15 machen lassen, heimlich, ohne Einverständnis oder Wissen der Eltern. So was ging Mitte

der Neunzigerjahre noch. Ich bin einfach zum Dorftätowierer gegangen und hab mir einen »Punks forever«-Schriftzug am Fuß-
knöchel stechen lassen – in dem vollen Bewusstsein, dass ich danach zu Hause nur noch lange Hosen tragen konnte. Hab ich
jahrelang durchgehalten, ging ja auch nicht anders. Bald darauf
kamen nämlich noch ein weiteres Bild und das Sepultura-Logo
am Bein dazu. All das hatte kein wirkliches System, sondern war
einfach Ausdruck meines damaligen Lebensgefühls. Das Konzept
kam erst, als ich zum Studium zu Hause ausgezogen bin und angefangen habe, mir die Arme tätowieren zu lassen. Ich stand damals sehr auf biomechanische Motive. Biomechanik ist die Sym-
biose aus Stahl und menschlichem Gewebe. Diese Verbindung
von Kalt und Warm, Gut und Böse hat mich fasziniert, weil das
zwei Seiten sind, die in allen Menschen drinstecken. Ich habe anfangs sogar meine rechte Körperseite als böse Seite und meine linke als liebe Seite geplant. Das hat auf Dauer nicht geklappt, weil
mit der wachsenden Anzahl der Tattoos die negativen Seiten in
meinem Leben zunehmend verdrängt wurden.

Ein Wendepunkt war 2004, als mich auf einer Tattoo-Convention ein Fotograf vom Tätowiermagazin, dem ältesten Branchenma-
gazin Deutschlands, ansprach und fragte, ob er Fotos von mir machen könnte. Von mir! Der kleinen Makani, die sich selbst nie
richtig leiden konnte und es immer vermied, auf Fotos überhaupt
mit drauf zu sein. Ich habe das trotzdem gemacht. Bei diesem ersten offiziellen Shooting kam mein erstes Magazin-Cover heraus,
aber für mich ist das bis heute unbegreiflich. Ich finde das Bild
auch immer noch ein bisschen schlimm, denn darauf sieht man,
wie unsicher und schüchtern ich bin. Trotzdem war es der Start-
schuss für meine Modelkarriere. Ich habe mich dann in ein paar
Modelkarteien, Online-Communities und bei Myspace angemel-
det. Darüber kamen vereinzelte Anfragen, doch nach ein paar Auf-
trägen gab es immer mehr Bestätigung. Auf einmal kamen Leute

180

auf mich zu, die sagten, dass sie mich toll finden. Für mich war das anfangs total hart. Wenn man sein Leben lang gehört und gedacht hat, dass man scheiße ist, fühlen sich Komplimente irgendwie falsch an. Das ist verdrehte Welt und tut fast schon weh. Es hat einer langen Auseinandersetzung mit mir selbst bedurft, um zu der Erkenntnis zu kommen, dass ich es selbst in der Hand habe, ob die Welt mich positiv oder negativ wahrnimmt. Irgendwann hab ich zu mir selbst gesagt: Wenn du nicht mehr wegguckst, nicht den Blick senkst, dich nicht versteckst, sondern den Menschen ins Gesicht siehst und sie anlächelst, werden sie immer zurücklächeln. Wie du der Welt entgegentrittst, so geht sie auch auf dich zu. Diese Erkenntnis hätte ich ohne die Tattoos nie erlangt. Inzwischen lasse ich negative Schwingungen möglichst nicht mehr an mich heran. Damit hat sich auch der Plan mit der »bösen Seite« ein Stück weit erledigt. Es ist tatsächlich so: Je positiver meine Weltsicht wurde, desto heller und farbenfroher wurden meine Tattoos.

Heute erlebe ich es öfter, dass ich mit Leuten ins Gespräch komme, die anfangs Angst haben, mich anzusprechen. Die denken, ich sei voll arrogant oder eine ganz Harte. Denen kann ich nur sagen: Auf die meisten stark tätowierten Leute trifft das alte Sprichwort »Harte Schale, weicher Kern« zu, das sind ganz oft die liebsten und klügsten Menschen. Und manchmal sind die Tattoos auch nur ein Schutzschild, was auf mich allerdings nicht zutrifft. Mir haben sie einfach mehr als alles andere in der Welt geholfen, mich selbst zu fühlen und zu lieben. Das kann ein Gedankenanstoß sein, aber es ist auf keinen Fall ein Aufruf zum Nachmachen. Ganz klar: Tattoos sind nicht dazu da, um Probleme im Leben zu lösen. Man sollte also von Anfang an tief in sich hineinhorchen, wozu man sie überhaupt haben will. Sonst bereut man sie vielleicht irgendwann.

Ich selbst hatte nie das Empfinden, dass es zu viel wird. Ich lasse mich seit 18 Jahren tätowieren und habe meine bunte Haut nie als Last empfunden. Wenn ich mal was bereut habe, dann hatte das mit dem Motiv oder der mangelnden Qualität der Ausführung zu tun. Ich hab mir zum Beispiel chinesische Schriftzeichen am Rücken machen lassen, die ich heute ganz schlimm finde, aber so was kann man abdecken lassen. Ansonsten musste ich irgendwann erkennen: Je früher du stark tätowiert bist, desto weniger Platz bleibt dir für neue oder zukunftsträchtige Techniken. Wenn der Arm voll ist, ist für ein Bild des neuen Super-Mega-Tattoo-Artists eben kein Platz mehr. Darauf sollte man vorbereitet sein und den eigenen Perfektionismus nicht übertreiben. Ultimative Perfektion gibt es sowieso nicht. Ansonsten hätte ich am liebsten drei Körper, die ich vollmalen lassen kann. Die einzige Stelle, an die ich garantiert nie drangehe, sind die Fußsohlen, denn dort sind die meisten Schmerzrezeptoren im Körper, und das Tätowieren muss die Hölle sein. Außerdem sind das Körperstellen, die oft mit Feuchtigkeit und Schmutz in Berührung kommen, da hat das für mich keinen Reiz. Alles andere lasse ich auf mich zukommen.

Mein Tipp: Macht euch nichts vor! Tätowieren tut weh, und jeder, der das Gegenteil behauptet, lügt. Aber es sind aushaltbare Schmerzen. Vor allem wenn man ein bisschen Routine hat. Ich atme den Schmerz vor allem über Bauchatmung weg. Brustatmung hilft nicht. Wenn es ganz schlimm ist, zähle ich zusätzlich in Gedanken von 1 bis 100. Und wenn es noch schlimmer wird, fange ich an, die Zahlen im Geist zu malen. Das ist meine Methode, die Konzentration vom Schmerz abzulenken. Funktioniert!

16.

Tätowierer dank eBay –
Die Wahrheit über einen
Berufsstand, der keiner ist

Da sitzt Butschi in seiner kleinen Bude im Elternhaus unterm Dach, zeichnet ein paar bunte Eulen und Blumen und Flugzeuge vor sich hin und träumt nach seinem ersten kleinen Tattoo am Knöchel davon, selbst ein cooler Tätowierer-Checker zu werden. Er hat seinen Wunschberuf gefunden. In einer Zeit, in der die meisten seiner Altersgenossen nur mit großen Fragezeichen über dem Kopf rumlaufen, weil ihnen die Medien eigentlich nur zwei Möglichkeiten vorspielen: Entweder du wirst Star, oder du wirst Hartz-IV-Empfänger. Aber das kann Butschi ja jetzt egal sein: Er hat Blut geleckt, marschiert mit seinen Eulen und Blumen und Flugzeugen in den nächstbesten Tattoo-Laden und sagt: »Ich würde gerne bei euch eine Ausbildung machen.«

Da gucken sich der alte Old-Schooler und der junge New-Schooler hinterm Tresen nur an und lachen im nächsten Moment laut los, weil sie weder Kapazitäten haben, Lehrlinge anzunehmen, noch eine Grundlage dafür, wie eine solche Ausbildung überhaupt aussehen sollte. Also marschiert Butschi wieder raus und denkt: »Arschlöcher, dann frag ich halt beim Arbeitsamt und gehe den offiziellen Weg.«

Das macht er dann auch. Dort sitzt er nach Nummerziehen und vier Stunden Warten Frau Pimpernagel mit dem rostfarbenen Pottschnitt gegenüber, die fragt: »Wie bitte? Was sagten Sie, wollten Sie machen?«

»Tätowierer«, sagt Butschi.

»Warum nicht?«, denkt Frau Pimpernagel und drückt die Taste mit dem großen T auf der Tastatur ihres PCs, der zwar nagelneu ist, mit dem sie aber eigentlich nicht richtig umgehen kann. »Technische Modellbauerin?«, fragt sie.

»Nee, da müssen sie in der Zeile verrutscht sein«, antwortet Butschi. »Und ModellbauerIN schon mal gar nicht.«

»Textillaborantin?«

»Sie wollen mich verarschen, oder?«

»Nun aber nicht frech werden«, guckt Frau Pimpernagel das erste Mal hinter ihrem Bildschirm hervor. »Wir wollen doch gemeinsam etwas erreichen. Wir wär's mit Tierwirtin?«

»Tätowierer«, verdreht Butschi die Augen. »Ich will Tätowierer lernen.«

»Äh …«

»Wenn's das bei Ihnen nicht gibt, versuch ich's zur Not auch als TätowiererIN?«

»Äh …« Jetzt ist Frau Pimpernagel überfordert. »Trockenbaumonteurin?«

Okay, eine halbe Stunde später ist endgültig klar: den Beruf »Tätowierer« gibt es in der Kartei des Arbeitsamtes nicht. Es kann ihn auch gar nicht geben, weil er kein anerkannter Berufsstand ist. Und das obwohl an jeder Ecke Tattoo-Läden aus dem Boden sprießen. Je nachdem, wie behütet Butschi aufgewachsen ist, verliert er jetzt endgültig den Glauben an die Zurechnungsfähigkeit unserer Politiker, oder er fängt zum ersten Mal an, an ihr zu zweifeln. Wir leben in einem Land, in dem jeder Hansdampf einen Tattoo-Laden aufschließen und so gut wie ohne Auflagen im Blut der Leute rumwühlen kann, während jeder Frisör und jeder Bockwurstverkäufer einen Hygieneschein vorlegen muss. Wenn man sich das reinzieht, kann man schon mal Frust schieben. Macht auch Butschi und daddelt zur Ablenkung ein bisschen im Internet rum. Und was findet er da? Eine Seite, auf der er sich für 30 Euro eine Tätowiermaschine bestellen kann. Und noch eine, auf der es für zwanzig Euro mehr auch noch Nadeln und Farben gibt. Und diese Seiten heißen eBay und Amazon.

An diesem Punkt entscheidet sich, was aus Butschi wird. Entweder er bestellt sich die Dinger vom Fleck weg, sticht am folgenden Wochenende seinen Kumpels die ersten grottigen Tattoos und gerät in den verhängnisvollen Strudel, dem viele Amateure zum Opfer fallen: Sie stechen ohne Rücksicht auf Verluste drauflos, verteilen Scheiß-Tattoos, verhauen sich brutal, hoffen darauf, es beim nächsten Mal besser hinzukriegen und machen dadurch alles nur noch schlimmer. Wenn es ganz scheiße läuft, bringen sie irgendwann aus Mangel an Hygiene und Ahnung auch noch Krankheiten in Umlauf. Menschen wie Butschi wissen ja nicht, was eine Kreuzkontamination und eine Hepatitis C ist. Sie wissen auch nicht, dass eine heimische Couch nie den Hygieneansprüchen einer Tattoo-Sitzung genügen kann. Sie wissen gar nichts. Und was noch schlimmer ist: Sie denken nicht darüber nach, dass der Kumpel oder die Schwester, denen sie gerade drei krakelige Striche auf die Schulter gezogen haben, vielleicht für den Rest ihres Lebens im Freibad nicht mehr ihr T-Shirt ausziehen mwollen, weil es ihnen peinlich ist, mit ihren laxen Strichen neben der sexy Chica mit dem geilen Porträt auf den Rücken zu stehen. Wieder eine Jugend schwieriger gemacht, als sie sein müsste.

Oder aber: Butschi ist pleite, kann sich das eBay-Angebot nicht leisten und hört sich deshalb notgedrungen erneut in den Tattoo-Läden seiner Stadt um, wo er zufällig doch noch einen Shop findet, der groß und ambitioniert genug ist, um Nachwuchstätowierer unter seine Fittiche zu nehmen. Dort muss Butschi dann die Ochsentour machen: Kloputzen, Kaffee kochen, Nadeln löten. Das gehört zumindest in einem Old-School-Tattoo-Studio zum Erziehungsritual. Die jungen Leute sollen erst mal den nötigen

Respekt vor diesem Job kriegen, bevor sie selbst an die Nadel dürfen. Insofern wird jeder Tag zur Bewährungsprobe.

Über kurz oder lang müssen wir aber dahin kommen, dass es endlich offizielle Richtlinien gibt; dass es Berufsgenossenschaften, Berufsunfähigkeitsversicherungen und zertifizierte Weiterbildungsseminare gibt; dass es Prüfungen gibt, die den Tätowiererberuf in seiner ganzen Bandbreite erfassen und so weiter. In diesem Job stecken Kunst, Chemie, Maschinenbau, Anatomie und Psychologie drin. Wenn Nachwuchstätowierer in all diesen Bereichen ausreichend geschult sind, ist das im Interesse der Kunden, weil dadurch Unfälle verhindert werden, die jetzt im Fahrwasser des Tattoo-Hypes immer öfter passieren.

Sprich: Momentan fördert der Staat mit seiner Blockadehaltung gegenüber der Institutionalisierung einer offiziellen Tätowiererausbildung Schwarzgeldgeschäfte, Wildwuchs und Pfuscherei. Darunter leidet nicht nur Butschi, sondern vor allem der Kunde. Abgesehen davon, dass alle Tätowierer, die keine Rücklagen haben, dazu verdammt sind, im Alter, wenn ihnen 30 Jahre Strom durch die Finger gebrummt ist, wenn sie 30 Jahre den Rücken gekrümmt und 30 Jahre ihre Augen zusammengekniffen haben, zum Sozialfall zu werden. Weil sie ja in keine Rentenkasse einzahlen konnten. Weil es ihren Beruf ja eigentlich gar nicht gibt. Mit anderen Worten: Es wird Zeit, dass sich endlich mehr Politiker tätowieren lassen, damit es vorwärtsgeht. Bevor unter Nachwuchstätowierern jetzt aber Depristimmung ausbricht, hole ich im nächsten Kapitel ein As aus dem Ärmel, mit dem dieser Beruf jedes Manko wettmacht: Tätowierern wird fast nichts dauerhaft übel genommen. Aber erst mal erzählt Mark Benecke, warum Tätowierte besseren Sex haben und wie er zu dem BfR-Tattoo auf seinem Bein kam.

17.

Krauses Family: Mark Benecke

»Arschgeweihe sind wie Handys. Ohne sie gäb's keinen Fortschritt.«

Dass im folgenden Beitrag keine Leichen oder Maden vorkommen, ist schon bemerkenswert. Mark Benecke wurde berühmt, weil er als promovierter Kriminalbiologe und Insektenforscher an spektakulären Mordfällen mittüftelte. Dass er Tattoo-Junkie ist, weiß man spätestens, wenn man seine Arme anguckt. Oder seine Beine. Oder seinen Oberkörper... Wie es dazu kam, erzählt er jetzt!

Tätowierer und Tätowierte sind im Vergleich zu den Leuten, mit denen ich sonst rumhänge, harmlos. Es gibt einfach noch viel krassere Sachen. Als ich in den Neunzigern in New York gewohnt habe, kannte ich viele Leute mit extremen Body Modifications. Vorher hatte es so was nur im SM-Bereich bei älteren Erwachsenen gegeben, aber in dieser Zeit fing es gerade an, zum Jugendding zu werden. Da war ich dabei und kenne die Pioniere der Subkultur. Ich bin gut befreundet mit der Frau, die die zweite Zungenspaltung gemacht hat. Und ich hab im East Village gegenüber von »Andromeda« gewohnt, wo die Typen nachmittags um 16 Uhr reingingen und zehn Minuten später mit einem superdicken Prinz Albert wieder rauskamen, den sie sich durch den Schwanz hatten jagen lassen. Mit dieser Beiläufigkeit bin ich dort aufgewachsen. Nach dem Wie, Wo und Warum hat damals keiner gefragt. Von Anfang an nicht.

Wenn ich die Motivation für mein erstes Tattoo erklären sollte, wüsste ich insofern gar nicht, was ich erzählen soll. Ich war Ende der Achtziger halt ein paarmal an dem Laden »Elektrische Tätowierungen« in Köln-Mülheim vorbeigelatscht und hatte mir die Bilder von den asiatischen Full-Body-Tattoos im Schaufenster angeguckt. Der Laden war eines der ersten legalen Studios und sehr klassisch. Der Chef, Dieter, lehnt bis heute jegliche Art von Werbung ab. Er geht auch nicht auf Conventions. Ein echter Old Schooler, der Ed Hardy noch persönlich kennt. Mit 18 bin ich dann mal zu ihm rein, um mir eine Echse aus dem Biologiebuch auf den Rücken stechen zu lassen. Ein ausgefallener Wunsch damals. Normalerweise suchte man sich aus einer Reihe von Vorlagen einen Tiger, einen Wolf oder eine Blume aus. Dieter hat die Echse auch nicht selbst gemacht. Da musste seine Frau Anke ran. Die hat es ohne mit der Wimper zu zucken umgezeichnet und nach ein paar Tagen losgelegt. Wenn ich bei den beiden etwas gelernt habe, dann ist es vor allem eins: Man kann auch mal die Fresse halten! Es muss nicht immer alles kommentiert und zerredet werden. Für mich, der ich von der Schule kam, wo jedes Thema ausführlich diskutiert wurde, war das eine völlig neue Erfahrung. Sie hat mich sehr geprägt und dazu geführt, dass ich meine Tattoos nie großartig thematisiert oder mir Gedanken über ihre Außenwirkung gemacht habe. Sehr lange hat auch keiner nach ihnen gefragt.

Ein paar Jahre nach dieser ersten Sitzung hab ich in Irland gearbeitet. Wir haben dort Tintenfische trainiert, für die wir immer Krabben aus dem Meer holen mussten. Meine Mitstudierenden, die dort beschäftigt waren, wollten aber bei Flut nicht ins Wasser, also habe ich das gemacht. Ob die damals meine Echse wahrgenommen haben? Ich hab mir keine Gedanken drüber gemacht. Auch als ich später ein paar Sachen im Fernsehen gemacht habe, haben die Tattoos keine Sau interessiert. Für mich war das ein Zeichen dafür, dass ein selbstverständlicher Umgang jeder Skandalisierung vorbeugt. Aber in den letzten Jahren gab es dann doch noch Schlagzeilen wie »Der tätowierte Kriminalbiologe« und mich als Ausklappposter im Tätowiermagazin. Stefan Raab und die BILD haben das dann übernommen. Vermutlich gibt es diese neue Aufmerksamkeit aus demselben Grund, aus dem es dieses Buch gibt: Dadurch, dass Tattoos Teil der Populärkultur geworden

sind, muss jetzt der vorher unterdrückte Rede- und Aufklärungs-
bedarf bedient werden. Das wäre eine mögliche Erklärung. Die
zweite, etwas wahrscheinlicher, ist, dass die genannten Beispiele
einfach einer Saure-Gurken-Nachrichtenlage geschuldet waren.
Mir soll beides recht sein. Immerhin bekommen Leute über solche Medienbeiträge mit, dass es normal ist, dass erwachsene Menschen Körperveränderungen durchführen, dass sie gepierct, tätowiert oder gecuttet sind. Für mich war das schon immer so, und
ich musste es nicht erst lernen. Da habe ich vielleicht ungewollt
einen Entwicklungsschritt übersprungen.

Ansonsten bin ich ein Seemannstattoo-Typ. Zumindest von der
Herangehensweise. Meine Tattoos sind zusammengepatcht. Ich
fahre durch die Gegend, und wo ich hinkomme, nehme ich,
wenn's passt, ein Tattoo mit. Die Bedeutung der Tätowierungen
entsteht dabei in der Regel aus der Situation und den beteiligten
Personen. Einem befreundeten Tätowierer aus dem Osten, der
den krassen Wechsel von den alten Graustufen-Tattoos zu den
Farbexplosionen heftig mitgestaltet hat, habe ich mal gesagt, er
darf machen, was er will. Ich hab nicht mal hingeguckt. Und was
macht er? Donnert mir ein Zombieface unter die Achsel, in das er
alles an Farben reingeknallt hat, was ihm zur Verfügung stand.
Ein schöner Witz ist auch die Penis-Krake auf meinem Bein. Die
wollte der Künstler unbedingt mal tätowieren, aber er fand nie-
manden, der darauf Bock hatte. Also hab ich's gemacht und ihm
ganz am Ende, als es zu krass wehgetan hat, die Auflage gegeben,
dass er's innerhalb von genau zehn Minuten fertigmachen muss.
Und zwar in Realzeit, keine Sportlehrer-Zehn-Minuten. Hat er
hingekriegt.

Auf den Rippen hab ich ein Kunstwerk: Von Hokusai »The Fi-
sherman's Wife«. Der Tintenfisch, der die Frau leckt. Das hat so
wehgetan, dass ich drauf verzichtet habe, das Ganze nach den
Outlines noch mit Farben auszufüllen. Ist auch so okay. Im Origi-

nal war das Motiv sowieso ein Holzschnitt. Ich hab mir auch mal eine Stewardess vom Flyer einer Billig-Airline tätowieren lassen, weil ich sie grafisch super fand. Und dann ist da natürlich das Logo vom Bundesinstitut für Risikobewertung, das Krause mir live bei einer Infoveranstaltung vor 120 Schülern gestochen hat. Das war ziemlich bemerkenswert. Das BfR vertritt offiziell die superkonservative Leitlinie, dass sich niemand tätowieren lassen sollte, weil die Wirkung der Farben weder im Menschenversuch noch in einem gültigen Tierversuch eindeutig geprüft wurde. Es wäre also nicht verwunderlich gewesen, wenn sie unseren Vorschlag, den Schülern zu zeigen, wie Tätowieren funktioniert, abgeblockt hätten. Aber sie haben uns machen lassen. Ich hab mein Bein hingehalten und weitermoderiert, während Krause mich tätowiert hat. Immerhin waren wir als Vertreter unseres Interessenverbands Pro Tattoo da. Uns war wichtig, dass die Kids sehen, wie ein Tattoo entsteht. Die meisten haben davon ja keine Ahnung. Für uns ein fast schon unvorstellbarer Zustand der Unwissenheit. Für uns ist Tätowieren wie Atmen.

Das BfR-Logo ist übrigens super geworden. Eins der wenigen meiner Tattoos, das komplett ohne Blow-outs entstanden ist. Dass er ein guter Techniker ist, kann Krause also keiner absprechen. Ansonsten ist er ja gerade wegen Aktionen wie diesen in der Tattoo-Szene umstritten. Die Öffentlichkeit, die er dem Tattoo-Thema durch seine Fernsehpräsenz gebracht hat, sehen viele Tätowierer der alten Schule kritisch. Weil ihre gute, alte Old-School-Welt dadurch ins Wanken gerät. Die Subkultur fächert sich aber auf und wird kommerzieller. Es gibt mehr Studios und mehr Konkurrenz, man hat die Service-Orientierten, die Grafiker und die Künstler, und die Intimität geht manchmal verloren. Das ist halt so. Als ich angefangen habe, mich tätowieren zu lassen, war alles sehr familiär: Es gab die Leute, die sich haben bescheißen lassen und für ein Mini-Tattoo 250 Mark hingeblättert haben. Die Tätowierer hatten diese Leute nur lieb, weil sie schnell verdientes Geld bedeuteten. Oder sie mochten dich persönlich, und irgendwann gehörtest du zur Familie. Das passiert bei der heutigen Masse an Kunden seltener, deshalb wird gerne mal der Untergang der Subkultur an die Wand gemalt, an dem dann immer die »Neuen« schuld sind. Da sagen die Old Schooler: »Was die New Schooler und Grafiker da für neumodisches Kindergekrakel machen hat mit Tattoo-Traditionen nichts zu tun und macht die Szene kaputt.«

Leider entwickelt sich dabei oft eine ziemliche Kleingärtnermentalität. Nur geht es nicht um gemähten Rasen und gestutzte Hecken, sondern darum, wie ein »echtes Tattoo« zu sein hat. Es ist wie bei den Punks: Da sind die alten Punks auch immer der Meinung, dass die jungen Punks keine richtigen Punks mehr sind. In Wirklichkeit sind sie aber einfach nur selber zu alten, zynischen Wichsern geworden, die meinen, dass alles immer gleich bleiben muss. Natürlich gibt es neue Punks. Sie leben nur unter anderen Umständen als in den Achtzigern.

So ist es mit der Tattoo-Subkultur auch. Wer glaubt, dass die Tattoo-Szene ihre Originale verliert, muss sich einfach nur eins klarmachen: Es gibt Studien darüber, dass Menschen, die sich tätowieren lassen, ein gesteigertes Interesse an neuen Erfahrungen haben. Sie probieren mehr aus, sie sind lebenshungriger und sie sind furchtloser. Diese Eigenschaften setzen sich in allen Lebensbereichen fort. Die Tattoos sind nur ein Merkmal von vielen. Genauso kann man das auf die Aufgeschlossenheit beim Essen beziehen, auf den Drang, fremde Länder kennenzulernen oder auf die Experimentierfreude beim Sex. Tätowierte Menschen haben beispielsweise öfter Sex. Weil sie mehr Bock auf neue Erfahrungen haben. Umgekehrt löst der Mangel der genannten Charaktereigenschaften das Gegenteil aus. Daraus resultiert der Reflex, Tattoos abzulehnen. In Wahrheit lehnen Tattoo-Gegner aber gar nicht die Tattoos ab, sondern den Lebensstil ihrer Träger. Die verstehen halt nicht, warum jemand wild rumvögelt oder aufregende Sachen macht. Dieses Unverständnis wird auf die Tattoos projiziert.

Meiner Ansicht nach sollen alle machen, was sie wollen. Wenn die Kiddies Tattoos als etwas Vorübergehendes sehen, bitte schön. Und wenn sie vorm Tätowieren Lidocain-Salbe, Emla-Salbe oder sogar Schmerztabletten nehmen, um sich vor dem Schmerz zu drücken, sollen sie das halt machen. Aber für mich hört sich das an, als ob sich Autofans über Abgase den Kopf zerbrechen würden. In der *Auto-Bild* oder *ADAC Motorwelt* geht's doch auch um Technik, Tempo und Fahrgefühl – um die Begeisterung an der Sache, nicht um ihre Auswirkungen. Ich selbst lehne Autos ab, weil ich mir durchaus Gedanken über die Abgase mache. Deshalb habe ich keinen Führerschein und bin nicht motorisiert. Ende. Wenn man sich also schon vorm Tätowieren einen Riesenkopf über die Schmerzen macht, dann lässt man es besser gleich. Aber wenn man sich ein Tattoo verpassen lässt, bin ich der Meinung, man sollte auch dazu stehen. Für Weglasern und Übertätowieren bin ich zu oldschoolig. Für mich und die Welt, in der ich Tätowierungen sehe, finde ich Weglasern bescheuert. Ich könnte mich bis heute darüber ärgern, dass meine zweite Frau so lange Terror gemacht hat, bis ich den Namen meiner ersten Frau ausschattiert habe. Zum Glück hat der Tätowierer damals keine schwarze Farbe genommen, so konnte ich's vor zwei Wochen wieder rückgängig machen. Was drauf ist, bleibt drauf. Das gilt auch für mein persönliches Arschgeweih: eine absolute Gurke von einer Fledermaus, die mir mal ein Bahnhofstätowierer gestochen hat.

Und damit noch ein Wort zum Titel dieses Buches: Ich hätte »Goodbye Arschgeweih« nicht aufs Cover geschrieben. Weil es ungerecht ist. Arschgeweihe sind wie Handys. Handys hatten am Anfang auch nur Superreiche und Asis. In der Öffentlichkeit zu telefonieren galt als megaasozial. Inzwischen tun es alle, nur mit cooleren Handymodellen. Mit dem Arschgeweih ist es genauso. Will sagen: Ohne die Leute, die sich einen Dreck drum scheren, was Eltern oder Großkopferte denken, gibt's keinen Fortschritt. Wir brauchen Leute, die ihr Ding durchziehen. Leute wie Krause zum Beispiel, an den ich auf der nächsten Seite wieder übergebe. Schönen Dank.

18.

Steckt die Nadel erst mal drin – Warum Tätowierte besseren Sex haben

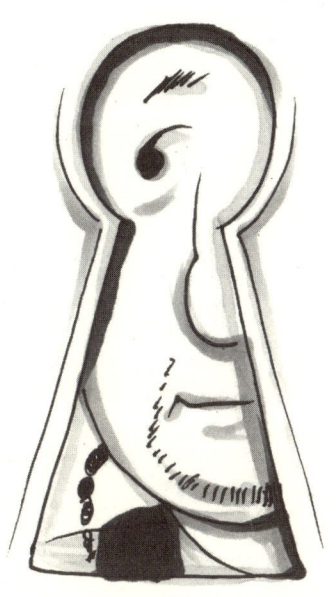

Was war das denn jetzt? Da kündige ich großkotzig an, dass der Benecke erzählt, warum Tätowierte besseren Sex haben, und was macht er? Er haut eine Schote nach der anderen raus und verbannt die entschärfte Info, dass Tätowierte sich durch »mehr Experimentierfreude beim Sex« auszeichnen, in einen Nebensatz. Unberechenbar, dieser Mann. Aber er hat ja auch schon selbst ein Buch mit dem Titel *Warum Tätowierte mehr Sex haben* geschrieben. Darin setzt er sich mit absurden wissenschaftlichen Studien auseinander, von denen eine die Antwort auf den Buchtitel liefert. Aber gut: Ich bin meine eigene wissenschaftliche Studie und stelle somit meine eigene Theorie auf, warum das Prädikat »mehr Sex« bei Tätowierten um »besseren Sex« erweitert werden darf.

Einige Leser erinnern sich vielleicht noch an die Rockabilly-Chica aus dem Vorwort. Die, die innerhalb von zwei Jahren vom Turnschuh-Mädchen zur Hotpants-Braut mutiert ist. Diese Frau ist der lebende Beweis für den Zusammenhang zwischen Tattoos, Selbstvertrauen und Sex. Als sie zum ersten Mal im Laden war, hatte sie keins dieser drei Attribute. Dann hatte sie ihr erstes Tattoo. Dadurch fühlte sie sich ein bisschen cooler und auf jeden Fall sexy. Ein gutes Gefühl, das dazu führte, dass sie sehr bald mit einem zweiten Tattoo nachgelegt hat. Spätestens nach dem dritten war im Vergleich zum Anfang eine riesige Portion Selbstvertrauen hinzugekommen, sodass sie beim vierten Tattoo-Termin zum ersten Mal mit Hotpants und Titten-Top aufkreuzte. Heißt: Sie war sich ihrer Reize bewusst geworden und machte den Sex, den sie nicht nur verkörpern, sondern auch ausleben wollte, zu ihrem Markenzeichen. Ob das auch ohne die Tattoos in diesem Tempo und dieser Intensität passiert wäre? Ich wage es zu bezweifeln. Tätowierungen sind nun mal eine Kunst, die das Bewusstsein für den eigenen Körper schärft. Von dem Moment an, in dem die Nadel zum ersten Mal die Haut berührt, bis zu dem Augenblick, in dem das Tattoo zum ersten Mal bewusst in der Disco gezeigt wird, hat bei den meisten Leuten eine Auseinandersetzung mit der eigenen Optik stattgefunden, die die wenigsten untätowierten Leute in dieser Form erleben. Schlicht aus dem Grund, weil sie es nicht müssen. Sie müssen nicht achtgeben, dass das Tattoo ordentlich verheilt. Und sie müssen sich nicht an den Anblick gewöhnen, dass da ein neues Schmuckelement zum Teil ihrer selbst geworden ist. Sie kennen auch nicht den Drang, das geile neue Tattoo immer wieder angucken zu wollen, und den daraus resultierenden Effekt, eine gleichermaßen liebevolle wie kritische Betrachtung der eigenen Gestalt zu kultivieren.

Langer Rede, kurzer Sinn: Ein Tattoo erhöht das Körperbewusstsein gewaltig und wappnet für den ewigen Schaulauf namens Leben, bei dem es, mal ehrlich, doch eigentlich immer nur ums Ficken und Vögeln geht. Unterbewusst spielt dieser Aspekt schon bei der Entscheidung fürs erste Tattoo eine Rolle. Meist ohne dass sich die Leute darüber im Klaren sind. Es gibt zwei Arten von Kunden: die, die ihren Körper mit einem Tattoo noch perfekter machen wollen. Und die, die ihren unperfekten Körper durch Tattoos aufwerten wollen. Bei der zweiten Kategorie ist sehr häufig zu beobachten, dass sie nach ihrem ersten Tattoo auf einmal einen Ehrgeiz im Fitnessstudio entwickeln, den sie vorher nie hatten. Die wollen das großflächige Tattoo auf ihrem Bauch endlich auch mal ohne Speckfalten zeigen, also reißen sie sich zusammen und nehmen auf einmal 30 Kilo ab. Oder sie setzen ihre Tattoos extra an Stellen, die ihren inneren Exhibitionismus kitzeln, um sich selbst einen Arschtritt zu verpassen. Oder sie werden sich plötzlich der Beachtung bewusst, die ihnen ihr neues Körpergefühl bei potenziellen Sexpartnern einbringt und avancieren vom Mauerblümchen zur Hardcore-Schlampe. Alles schon erlebt.

Wenn man also die Erkenntnis der Benecke-Studie nimmt, die den Drang, sich zu tätowieren, mit einer erhöhten Bereitschaft, neue Erfahrungen zu machen, erklärt, welche wiederum zu größerer sexueller Aufgeschlossenheit führt, und diese Faktoren mit einem besseren Körpergefühl und einem tieferen Bewusstsein für die eigenen Reize zusammenbringt, dann ist die logische Schlussfolgerung von Wissenschaftler Krause: *mehr* Sex und *besserer* Sex. Zumal das eine das andere bedingt. Wer viel vögelt, hat eine höhere Trefferquote für den großen Fick-Kick. Warum mir nach dieser Erkenntnis direkt das Phänomen in den Sinn kommt, dass Tätowierer sich bei ihren Kunden so gut wie jede Frechheit rausnehmen können, verwundert mich gerade selbst ein bisschen. Könnte es eventuell sein, dass zwischen den beiden Themen Zusammenhänge bestehen? Egal. Umblättern und selbst ein Bild machen.

19.

»Sei mal nicht so streng!« –
Warum Tätowierern (fast)
alles verziehen wird

Es gibt ein seltsames Phänomen: Tätowierer können die größten Arschlöcher sein und von ihrer Umwelt auch als solche erkannt werden, aber wenn man ihre Kunden fragt, sind sie immer geile Hechte. Das ist eine Art Naturgesetz. Ein Beispiel: Es kommt ab und zu vor, dass einer meiner Classic-Tattoo-Jungs seine Kunden versetzt, öfter zu spät kommt oder Termine verpennt. Manchmal kriege ich das selbst mit, manchmal hab ich auch einen nöligen Kunden am Tresen stehen, der rummosert, »dass das jetzt schon das zweite Mal ist, dass ich mir extra Urlaub genommen habe und aus Marienfelde mit der Bahn angefahren komme, aber der verdammte Tätowierer ist nicht da«.

In solchen Fällen genügt normalerweise ein Anruf. Eine halbe Stunde später steht der verlorene Stecher auf der Matte, und der Termin kann doch noch stattfinden. Aber vorher stelle ich den Bummelanten zur Rede, erst intern und dann vor dem Kunden. So viel Strafe muss sein, hab ich früher immer gedacht. Aber dann musste ich erkennen, dass es eigentlich gar keine Strafe ist. Denn sobald ich anfange, meine Tätowierer vor allen Leuten zusammenzufalten, wird auf einmal der nöligste Kunde lammfromm und die »sei nicht so streng, kann doch mal vorkommen«-Nummer geht los.

Ich weiß nicht, ob es an den tollen Tattoos liegt, die er ihnen mal gestochen hat, oder an denen, die er ihnen noch stechen soll, in jedem Fall ergreifen Kunden in solchen Fällen immer Partei für den Mann, der für sie eben noch der »verdammte Tätowierer« war. Und ich stehe als Moralapostel und Spielverderber da, weil ich finde, dass Tätowierer, die unpünktlich sind oder ihre Termine vergessen, Assis sind und die Treue ihrer Kunden nicht verdient haben. Pünktlichkeit, adäquate Qualität und ein fairer Preis sind eine Frage des Respekts. Wenn ein Mensch sein Geld spart, sich freinimmt und dich auswählt, damit du ihm mit deiner Nadel und deinen Farben ein paar Linien in die Haut malst, auf die er für den Rest seines Lebens raufguckt, dann ist das eine Ehre. Und diese Ehre tritt man nicht mit Füßen, basta!

So, das lassen wir jetzt erst mal sacken, damit ich die kleine Besinnungspause nutzen kann, um von meinem hohen Ross runterzusteigen und zu gestehen: Auch ich musste all das natürlich erst lernen. Ich selbst habe in meinen jüngeren Jahren Kunden sieben-, acht- oder sogar zehnmal versetzt. Das war nicht in Ordnung, aber um eine Lanze für die Tätowierer zu brechen, will ich es wenigstens erklären.

Wenn ein Tätowierer anfängt, ist er erst mal froh über jeden Kunden. Da schmeißt er sich bei allen ins Zeug, macht die unmöglichsten Motive und Termine klar und versucht, erst mal Fuß zu fassen. Wenn er dann merkt, das Geschäft läuft und damit die Bestätigung bekommt, dass seine Arbeit ankommt, wird er euphorisch. Er ist der geile Macker, den alle lieben. Von dieser Liebe will er mehr, und er will sie zurückgeben. Das heißt, er schreibt sich seine Auftragsbücher dicht, so lange, bis keine freie Stelle mehr übrig ist und der Kalender bis zu sechs Monate im Voraus vollgeschrieben ist. Ein Supergefühl – erst beim Durchblättern des Kalenders, dann beim Abhaken des ersten bewältigten Monats, dann beim Abhaken des zweiten, dritten und vierten und dann … Nicht mehr, weil inzwischen der Rücken wehtut, er mal wieder richtig saufen gehen will, um sich zu entspannen und nach einer Woche Sommergrippenausfall zehn Nachholtermine zu Buche schlagen, für die auch noch die kommenden Wochenenden flöten gehen. Auf einmal besteht das Leben nur noch aus Tätowieren ohne Pause und der geile Typ ist zum jämmerlichen Sklaven seiner eigenen Welt geworden. Daran ist er zwar selbst schuld, aber andererseits ist er auch nur Opfer seines eigenen Enthusiasmus und seiner Unerfahrenheit, weil er sich im Moment des ersten Erfolgs unbesiegbar gefühlt hat. Das muss man nicht entschuldigen, aber man kann es als Erklärung akzeptieren. Zumal Selbstüberschätzung kein Tätowiererprivileg ist und die meisten Menschen damit zu tun haben.

Alle Nachwuchstätowierer, die das hier rechtzeitig lesen, können sich aber natürlich selbst davor bewahren. Lasst Euch gesagt sein: Vernunft walten lassen und planen lernen ist das A und O. Schafft euch rechtzeitig ein System, in dem ihr noch atmen könnt. Es ist sinnvoller, immer nur drei Tage in der Woche zu verplanen, damit zwischendurch auch noch mal ein Tag frei, ein Tag für die Buchhaltung oder ein Tag für Spontantermine dazwischenpasst. Macht nicht den Fehler, alles alleine machen zu wollen, sondern gebt Arbeit an Kollegen ab, sonst hängt ihr nach einem Jahr in gebückter Haltung, mit Gicht in den Fingern und einem Sehschaden über euren Maschinen und könnt nicht mehr geradeaus gucken. Ich habe das selbst hinter mir und sehe es mittlerweile auch bei meinen Angestellten. Da hat ein Typ zwei Jahre durchgearbeitet und braucht auf einmal für einen Rücken, den er früher in acht Sitzungen fertig gemacht hat, zwölf und ist danach immer noch nicht zufrieden. Wenn ich so was beobachte, nehme ich die Leute zur Seite und rücke ihnen den Kopf gerade, und sie kriegen Zwangsurlaub. Denn auch die schönste Kreativität stößt an ihre Grenzen, wenn sie keinen Raum zum Atmen findet.

Und jetzt bin ich aus lauter Befangenheit völlig von meinem eigentlichen Punkt abgewichen, nämlich, dass die Kunden Fehltritte ihrer Tätowierer sogar verzeihen, ohne dass die so auf die Tränen-drüse drücken müssen wie ich eben. Davon hab ich selbst oft ge-nug profitiert, und ich erkläre es mir inzwischen so: Tätowierer und Kunden sind Kumpels auf Zeit. Wenn es sich um einen Mann und eine Frau handelt, kann man vielleicht sogar von Liebenden auf Zeit sprechen. Sie erleben innerhalb von zwei Stunden alles, was eine intensive zwischenmenschliche Beziehung ausmacht. Das reicht von intensiver körperlicher Nähe über das Verteilen und Er-tragen von Schmerz bis hin zu mehr oder weniger grenzenlosem Vertrauen und der Produktion einer sprichwörtlich lebenslang an-haltenden Erinnerung: dem Tattoo. Den meisten Kunden bedeutet eine solche Erfahrung mehr, als sie vor ihren Tätowierern zugeben mögen, weil sie wissen, dass das, was sie gerade als einzigartig empfinden, für den Macker an der Nadel ein Stück Alltag ist. So entsteht ein Wertschätzungsgefälle. Wenn man so will, wird der Kunde zum heimlichen Fan und der Tätowierer zu seinem Idol. Auch über Idole kann man sich ärgern, und manchmal verachtet man sie vielleicht sogar wegen ihrer Dominanz. Das ändert aber nichts daran, dass man ihnen in Wirklichkeit gerne ein Stückchen näher wäre, als es die Realität zulässt. Und wie kommt man einem Menschen näher? Indem man sich in einem Moment der Schwä-che mit ihm solidarisiert. Zum Beispiel, wenn er gerade einen An-schiss von seinem Chef bekommt. Hätten wir das auch geklärt.

Und damit zu einer Frau, von der ich Fan bin. Ich gucke kaum Fernsehen, deswegen habe ich Judith van Hel nicht bei *The Voice of Germany*, sondern erst auf der Tattoo-Convention in Köln zum ersten Mal singen hören. Während um mich herum die Tat-too-Maschinen geschwungen, Bierfässer leer gesoffen und Pier-cings gestochen wurden, stieg diese zugeschwartete, zierliche Ge-stalt auf die Bühne und sang mit einer Stimme, die mir die Gänsehaut über den Körper trieb, »Power of Love« von Frankie goes to Hollywood. Definitiv auch ein einzigartiger Moment. Später haben wir ein paar Bier zusammen getrunken und festgestellt, dass wir offenbar verwandte Seelen sind. Und dass Judiths Geschichte ziemlich gut in dieses Buch passen würde. Auf der nächsten Seite erzählt sie sie selbst.

20.

Krauses Family:
Judith van Hel

»Ich bin gerne das Versuchskaninchen«

Wenn Judith van Hel den Mund aufmacht, kommen entweder clevere Worte oder himmlischer Gesang heraus. Dadurch wurde sie 2013 zur Sympathieträgerin der dritten Staffel von *The Voice of Germany*. Die *BILD* bezeichnete Judith als »harte Tattoo-Braut«, für mich ist sie ein Engel ohne Locken. Wie sie sich selbst sieht, erfährst du auf der nächsten Seite.

Ich fange mal mit der Revidierung eines Klischees an: Obwohl ich selbst keinen Fernseher habe, hab ich die ganzen *L.A. Ink-* und *Miami Ink*-Geschichten ja irgendwie doch mitbekommen. Wenn man so zugetackert ist wie ich, bleibt das rein interessenhalber nicht aus. Ich finde es aber irgendwie seltsam, was diese Sendungen für ein Bild vom Tätowieren vermitteln. Nach dem Motto: »Ich geh in den Laden, erkläre dem Tätowierer mein Motiv, gehe noch eine rauchen, der zeichnet was, und dann geht's sofort los und tut wahrscheinlich nicht mal weh.« Am besten gibt's dann immer noch einen verstorbenen Verwandten oder einen kranken Hund, der Pate für das Tattoo steht. Die Folge solcher Sendungen ist, dass Leute, mit denen man sich sonst nichts zu sagen hat, immer sofort die Verlegenheitsfrage stellen: »Wofür stehen denn deine Tattoos?« Weil sie ja zwangsläufig davon ausgehen, dass da eine große Geschichte dahinterstehen muss.

Für mich persönlich sage ich ganz ehrlich: Ganz wenige meiner Tätowierungen lassen sich in dieser dramatisierten Form erklären. Für mich ist eher das Tätowiertsein als solches eine Aussage. Ich bin eine junge Frau, ich bin nicht ungebildet, und ich bin von oben bis unten vollgetackert. Fertig. Sicher grenze ich mich damit von einem bestimmten Teil der Gesellschaft ab. Mir war auch immer klar, dass ich durch meine Tattoos negative Aufmerksamkeit auf mich ziehen werde, und ich habe sehenden Auges in Kauf genommen, dass ein Job als Stewardess oder Bankkauffrau für mich gestorben ist. Bei der Abgrenzung geht es mir aber weniger darum, dass ich mit den betroffenen Teilen der Gesellschaft nichts zu tun haben will, als dass ich akzeptiere, dass *sie* möglicherweise nichts mit mir zu tun haben wollen.

Ansonsten halte ich nicht viel von der arroganten Haltung, die manche Leute in der Tattoo-Szene fahren. »Das ist mein Stil und entweder du akzeptierst ihn oder du kannst mich mal«, so ungefähr Die Menschen haben Fragen und ich finde es trägt mehr zur Verständigung bei, wenn man ihnen antwortet als sie durch eine schroffe Abwehrreaktion auflaufen zu lassen. Ich wurde sogar schon mal gefragt, ob meine Tätowierungen was mit Borderline zu tun haben. Dass ich diesen Gedanken gar nicht uninteressant finde, hat vielleicht mit meinem früheren Job zu tun. Ich bin gelernte Ergotherapeutin und hab jahrelang in WGs und Wohnheimen für psychisch Kranke gearbeitet. Als ich meine Tattoos irgendwann nicht mehr verstecken konnte, hab ich den Personalleuten in Bewerbungsgesprächen immer gesagt: »Ich weiß wie ich aussehe, aber ich mache deshalb keine schlechte Arbeit. In vielen Fällen verbindet es mich sogar mit den Patienten. Die kennen es, stigmatisiert und angeglotzt zu werden. Ich kenne das auch. «

Letztendlich hat jeder Mensch irgendwie einen Hang zu psychischen Erkrankungen. Sie entstehen ja aus Eigenschaften, die alle haben. Der eine neigt zur Depression, der andere zur Manie und so weiter. Die Frage ist nur, wie stark ausgeprägt diese Eigenschaften sind – ob man trotzdem noch alltagstauglich ist und sein Leben auf die Kette bekommt. Wer das nicht schafft, bekommt eine Diagnose und wird sie für den Rest seines Lebens nicht mehr los. Wie ein unsichtbares Tattoo. Was mich selbst betrifft: Ich würde schon sagen, dass mein Hang zum Tätowieren etwas mit Sich-Spüren oder mich selbst anders wahrnehmen zu tun hat, aber das ist nicht pathologisch wie bei Borderlinern. Tattoos sind für mich auch einfach eine Art und Weise, mich auszudrücken. Außerdem sehe ich sie als Kunst. Genau wie ich singe oder andere Leute auf Leinwand malen, malen Tätowierer Menschen die Haut voll. Wenn ich mir also einen Tätowierer suche, ist mir in erster Linie wichtig, dass ich seine Kunst allgemein geil finde. Wenn das so ist, kann ich ihm auch Freiheiten lassen. Man geht ja auch nicht zu Monet, bestellt eine Blumenwiese und sagt ihm, dass die zweite Blume von rechts rot und die dritte Blume von links blau sein soll. Das unterliegt der künstlerischen Freiheit. So gehe ich auch ans Tätowieren heran. Da hole ich mir ein Stück Kunst auf die Haut, also gucke mir sehr genau an, wessen Arbeit ich toll finde, und mit diesen Leuten rede ich dann. Ich frage sie, worauf sie selber Bock haben, was sie schon immer mal machen wollten und gucke, ob das mit meinen eigenen Vorstellungen vereinbar ist. Beim Rest bin ich gerne das Versuchskaninchen des Künstlers. Mit dieser Taktik bin ich bisher gut gefahren, meine Erfahrung ist, dass die Leute am besten sind, wenn man ihnen Freiräume lässt. Ich habe keine einzige Tätowierung am Körper, mit der ich unzufrieden bin. War aber sicher auch Glück dabei. Gerade wenn ich an mein erstes Tattoo zurückdenke…

Ich bin in Wermelskirchen aufgewachsen, zwischen Köln und Wuppertal, 38 000-Einwohner. In meiner Kindheit gab es dort keine Berührungspunkte mit Tattoos. Das ging erst mit 14, 15 los. Komischerweise waren für mich die Guano Apes ein Einstieg in die Thematik, obwohl die eigentlich gar nicht so unfassbar für Tätowierungen stehen. Aber die Musik und die daraus resultierende Auseinandersetzung mit Skatepunk führten bei mir zu dem relativ konkreten Wunsch, beide Arme voll tätowiert zu haben. Ich habe nie dieses Rantasten über kleine Motive in Betracht gezogen. Mir war sehr früh klar: Wenn ich mich tätowieren lasse, dann großflächig. Mit 16, 17 wurde mein Lebensmittelpunkt dann das

AJZ Bahndamm, ein Punkschuppen und autonomes Jugendzentrum, wo oft Bands hinkamen, deren Mitglieder von Kopf bis Fuß tätowiert waren. Ich fand das auch cool, trotzdem hab ich immer gesagt, ich warte noch. Ich wollte sichergehen, dass mein Wunsch gefestigt ist und ich genug Geld für ein wirklich cooles Tattoo zusammenbekomme. Beides war erst mit Anfang 20 der Fall. Alle nehmen immer die 18 als Startpunkt, aber bezogen auf Tattoos finde ich das noch zu früh. Auch in diesem Alter ändert sich der Geschmack noch alle drei Monate. Heute will man Punkrock, morgen Hip-Hop. In einer so unbeständigen Verfassung sollte man sich kein Bild auf den Körper tackern lassen, das einem lebenslang erhalten bleibt.

Über einen älteren Kumpel aus der Punkrock-Melodic-Szene, dessen Tattoos ich sehr cool fand, bin ich zu meinem ersten Tätowierer gekommen. Das lief ein bisschen unter der Hand. Der Typ hatte lange in Düsseldorf in Studios gearbeitet, aber irgendwann keinen Bock mehr auf die Standards gehabt, komplett aufgehört zu tätowieren und dann wegen des »Ey, du musst uns schon noch fertig machen«-Gedrängels seiner Freunde doch wieder angefangen. Eigentlich nur im engsten Bekanntenkreis, zu dem ich nicht gehörte, aber weil ich konkreten Bezug auf einzelne Motive genommen und ihm ansonsten freie Hand gelassen habe, hat ihn das künstlerisch angefixt. Abgefahrener Typ, Mitte 30. Sehr tiefschürfender Charakter, Vergangenheiten in allen möglichen Musikszenen. Er selbst hatte ziemlich schreckliche Tätowierungen. Man merkte, dass er früh angefangen und die verschiedenen Moden durchgemacht hatte. Da waren alte Sachen mit zerlaufenen Rändern, Spuren der Tribalphase, ulkige Bandtattoos... Alles wild über den Körper verstreut. Als ob sein Motto gewesen wäre: An jeder Stelle ein Tattoo, um zu wissen, wie es sich anfühlt. Für sich selbst hatte er nicht die gleichen Ansprüche, die er an seine eigene Arbeit stellte. Ich fand das sympathisch. Das Tattoo auf meinem linken Oberarm

haben wir bei ihm zu Hause gemacht. In einem Studentenwohn-
heim in Wuppertal, auf dem Schreitischstuhl zwischen Kleider-
schrank und Futonbett. Sehr spartanisch. Ich musste die ganze Zeit
sitzen, nix schöne Liege und Kissen unterm Hintern. Aber weil ich
»neu im Geschäft« war, dachte ich das muss so sein. Außerdem hatte ich andere Sorgen. Ganz ehrlich: Ich hatte vor dem ersten Stich
richtig die Hosen voll. Besonders weil ich fürchtete, es könnte so
wehtun, dass ich es nicht aushalte. Mir waren alle möglichen Hor-
rorgeschichten von Leuten zu Ohren gekommen, die ein Tattoo angefangen aber abgebrochen hatten, weil es zu krass war. Ich hab
immer gefragt, womit man den Schmerz vergleichen kann. Da kam
dann »Kann man mit nichts vergleichen« oder »Eher so ein Bren-
nen«. Diese Auskünfte waren nicht hilfreich, aber sie stimmen irgendwie. Ich musste schon die Zähne zusammenbeißen.

Das Motiv war ein Mix aus verschiedenen Komponenten. Erste
Vorgabe war, es sollte asiatisch-japanisch werden. Ich hatte mir
zwei Elemente ausgesucht: Wind und Wasser. Zweitens musste ein
großer Totenkopf dabei sein. Drittens sollte es relativ dunkel und
massiv sein, denn auf lange Sicht war mein Ziel, den linken Arm
düster und den rechten bunt zu machen. Und viertens wollte ich
einen Schmetterling. Nicht so einen kitschigen Mädchen-Schmet-
terling, sondern einen aus dem Bio-Buch. Der bezog sich auf meine damalige Band »Never say die«, für die ich ein Artwork mit
lauter Schmetterlingen gemacht hatte. Der Tätowierer hat das alles genial verknüpft. Den Totenkopf hat er zum Beispiel aus Wol-
kenbergen geformt. Alles supermassiv, dicke Outlines, sehr dunkel. Den Großteil hat er frei Hand gemacht. Einfach aufgemalt
und angefangen. All das zusammengenommen muss ich im
Nachhinein sagen: ziemlich mutig fürs erste Tattoo. Aber ich hab's
nicht bereut und find das Bild bis heute toll.

Bei der ersten Sitzung haben wir die kompletten Outlines gemacht. Ganzer Oberarm rundherum. Gefühlt hat das 14 Stunden

gedauert, in Wirklichkeit waren es vielleicht sechs oder sieben. Wir haben auch viel gequatscht zwischendurch, weil wir uns gut verstanden haben. Auch ein Punkt, der mir superwichtig ist. Ich muss da jemandem gegenübersitzen, mit dem ich eine Wellenlänge habe. Wenn beide sich anschweigen, finde ich es unangenehm. Das hat bei allen meinen folgenden Tätowierern eine große Rolle gespielt. Rafaela von »To die for« in Leverkusen hat mich stark beeinflusst. Nachdem sie mir eine Eule auf die rechte Flanke gestochen hatte, die total süß, verspielt und neotraditionell aussah, war klar, dass sie weitermachen musste. Inzwischen stammen von den Fingern über den Arm bis in den Nacken und am Rücken bestimmt 80 Prozent meiner Tätowierungen von ihr. Außerdem hat sie meine Haltung zur Tattooszene geprägt. Rafaela und ihr Freund fahren einmal im Jahr auf die Conventions in Brighton und Mönchengladbach und machen sonst ihren Laden. Sie sind nicht umtriebig in der Szene. Irgendwie fand ich das ganz beruhigend, weil ich mich selbst in der Welt der Tattoo-Magazine nicht wirklich wiederfand. Ein Gefühl, das sich bei meinem ersten Besuch einer Tattoo-Convention bestätigte.

2011 war das. Auf der Convention in Frankfurt hab ich mir von Davee Blows aus Polen den Fuß machen lassen. Ich hatte ihn bei Instagram gefunden und ihm über Facebook geschrieben, dass ich seinen Stil superkrass finde und gerne ein Tattoo von ihm hätte. Er schrieb zurück, dass er bei der Convention in Frankfurt ist. Also haben wir einen Termin gemacht. Meine erste Convention. Es war riesig, total überfüllt und überhaupt nicht meine Welt. Zu viel Fleischbeschau, zu viel Selbstpräsentation. Gerade was die Mädels anging. Alle sehr leicht bekleidet, sehr anzüglich und häufig mit einer gewissen Arroganz. Ich finde das Frauenbild, das in den Köpfen vieler junger Frauen vorherrscht, nicht cool. Aufgepumpte Titten, Top-Styling, lange Haare, Größe XXS. Ich habe nicht das Gefühl, diese weiblichen Attribute für mich selbst zu brauchen, und ich finde, dass sie nichts mit Realität oder echter Schönheit zu tun haben. In der Schaulauf-Variante bekommen sie sogar etwas Selbstzerfleischendes. Mich hat das an die Hardcore-Szene erinnert, wo ich früher Konzerte veranstaltet habe. Da wurde von der Außenwelt auch immer sehr viel Toleranz gefordert, aber intern ein riesiger Druck aufgebaut, den Regeln zu entsprechen. So empfinde ich auch die Tattoo-Szene. Da wird immer geguckt, wer mehr oder krasser tätowiert ist, und wenn jemand gar nicht tätowiert ist, ist er sofort außen vor. Die Grenzen zwischen Unsicherheit und Arroganz verschwimmen sehr schnell. In Frankfurt hatte das bei mir den Effekt, dass ich die ganze Zeit meinen Pullover anbehalten habe. Mein rechter Arm war damals schon voll und der andere halb fertig, ich hätte also durchaus was herzuzeigen gehabt, aber in diesem Rahmen fand ich es unangenehm. Mit Davee Blows war's lustig, und auf das Tattoo von ihm bin ich immer noch stolz, aber intimere Atmosphäre hätte mir besser gefallen. Ich habe danach lange gedacht, dass das meine erste und letzte Convention war. Inzwischen habe ich öfter noch mal auf welchen gesungen. So lernte ich übrigens auch Krause kennen. An ihm schätze ich sehr, dass er die Höher-schneller-weiter-Taktik auch mal öffentlich kritisiert. Ohnehin waren wir vom ersten Moment, als wir uns im Frühjahr 2014 in Dortmund über den Weg liefen, auf einer Wellenlänge. Als ob wir uns schon ewig kennen würden. Symbol dieser Seelenverwandtschaft ist für mich, dass wir alle beide ein Sammelbein haben. Darauf bekommen alle möglichen Leute und Quatschmotive Platz. Krause bringt vor allem Souvenirs von seinen Reisen unter, auf meinem linken Bein durften sich einige Freunde verewigen. Ich stehe halt auf Konzeptdinger. Ganzer Arm, ganzer Rücken oder eben ein komplettes Bein für Spaßmotive. Finde ich lustig so. Und die Leute haben immer was zu gucken.

Ich muss allerdings sagen, dass es mit dem Herzeigen der Tattoos bei mir generell so eine Sache ist. Es gibt große Unterschiede,

was die Blicke angeht. Das ist sowohl regional als auch szenemä-
ßig so. In Berlin wird viel weniger abschätzig geguckt als in München. Die Berliner sind einfach mehr gewohnt. Wenn ich durch
Kreuzberg oder Friedrichshain laufe, bin ich ja noch eine der
harmlos Tätowierten. In München sind Tattoos noch exotischer.
Wenn sie dann noch eine Frau ohne Haare hat, ist das extrakrass,
und es fällt schon mal der eine oder andere Kommentar, den man
lieber überhört. Direkt beschimpft worden bin ich noch nicht,
aber hinterm Rücken hört man schon Dinge wie »So eine Ver-
schandelung« oder »Sieht die Alte furchtbar aus«. Die Leute denken ja oft, man bekommt nicht mit, was sie tuscheln, aber ich bin
nicht taub oder blöd. In der Regel versuche ich, über so was hin-
wegzugehen, aber es ist tagesformabhängig. Es gibt Momente, in
denen ich am liebsten gar nicht angeschaut werden will und gern
die graue Maus wäre, an anderen Tagen fühle ich mich wohl und
zeige meine Tattoos selbstbewusst. Der Schau- und Wiedererken-
nungswert hat in meinem Job als Sängerin ja auch viele Vorteile.
Generell könnte ich auf die Anglotzerei aber verzichten. Ich drü-
cke mich über Tattoos aus, aber ich muss sie nicht ständig zeigen.
Das Tätowieren ist eher ein innerer Drang.

Wie groß dieser Drang im Unterbewusstsein verankert ist, zeigt
die Tatsache, dass ich oft träume, wie ich tätowiert werde. Das passiert besonders, wenn ich Powernapping mache, wenn ich eine
halbe Stunde wegdöse, aber im Kopf voll da bin. Aus diesen Träumen nehme ich sogar Motivideen mit. Die Eule auf der Hand kam
so zustande. Auch die grüne Monsterhand, die ein abgewetztes
Foto hält. Und neulich hab ich von einer Libelle geträumt, die mir
auf den Hinterkopf gestochen wurde. Die muss auf jeden Fall
noch passieren: Eine schwarz-graue, relativ detailreich ausgear-
beitete Libelle fänd ich megageil. Hinten auf dem Schädel ist auch
eine gute Stelle. Wenn meine Mutter das liest, schlägt sie wahrscheinlich die Hände überm Kopf zusammen. Die findet meine

Tattoos gar nicht cool. Wir hatten Tausende Gespräche über dieses Thema, konnten in diesem Punkt aber nie einen Nenner finden. Sie will eigentlich nicht, dass ich noch über ihre Abneigung für meine Tattoos spreche, aber sie ist nun mal Fakt. Inzwischen haben wir die stillschweigende Übereinkunft, nicht mehr drüber zu reden. Trotzdem rutscht zwischendurch noch mal ein »Aber jetzt machst du nicht noch eins, oder?« raus. Ich schüttele dann nur noch innerlich mit dem Kopf, denn für mich persönlich ist noch kein Ende absehbar. Nur im Gesicht würde ich wirklich nichts machen lassen. Und was den Rest der Familie angeht: Mein Vater ist einigermaßen locker, und meine Oma fand die Tattoos immer total schön. Der eine Arm war so dunkel und der andere so bunt, das fand sie geil. Sie hat immer gesagt »Hauptsache, das Herz ist gut«. Diesen Spruch hab ich von ihr mitgenommen, denn sie hatte einfach recht.

21.

Mit Krause auf die Kirmes – Die Black & White List für Tattoo-Conventions

Weil Judith gerade von ihren Vorbehalten gegen Tattoo-Conventions erzählt hat, will ich auf dieses Thema noch mal gesondert eingehen. Dazu stelle ich zuallererst eine Frage in den Raum: Was fühlst du auf einer Tattoo-Convention?

Ich frage das deshalb, weil es bei diesen Veranstaltungen meist eine Diskrepanz gibt zwischen dem, was von ihnen zu erwarten ist, und dem, was sie tatsächlich liefern. Eigentlich ist eine Tattoo-Convention nichts anderes als eine Messe. Messen sind dafür da, Händlern, Künstlern oder Dienstleistern ein Forum zu bieten, ihre Arbeit vorzustellen und neue Kunden zu gewinnen. Dementsprechend werden viele kleine Werbegeschenke, Tütchen, Schlüsselbänder oder Wimpel verteilt, und die Leute schieben mit allem möglichen Krempel vom Hof, den sie eigentlich gar nicht haben wollten, der aber vielleicht den Anreiz schafft, bei der nächsten Kaufentscheidung auf die eine oder andere Messebekanntschaft zurückzugreifen.

So weit, so logisch. Und jetzt der Gegenentwurf: die Tattoo-Convention. Jeder, der schon mal auf einer war, weiß, dass sich diese Veranstaltungen viel weniger nach Messe als nach Kirmes anfühlen. Dazu gehört unter anderem, dass man dort nichts, aber auch wirklich gar nichts geschenkt bekommt. Warum das so ist, ist schnell erklärt. Es gibt inzwischen so viele Conventions, dass weniger Besucher kommen und weniger konsumiert wird, deshalb müssen alle Anbieter zusehen, dass sie ihre Kosten für Anreise, Hotel und Standmiete wieder reinbekommen. Wenn man unter diesem Druck steht, schmeißt man nicht mit Geschenken um sich. Leider drücken die wirtschaftlichen Zwänge auch auf die Atmosphäre. Gerade die Riesen-Conventions in Großstädten, die früher auch dazu da waren, befreundete Tätowierer und Kunden wiederzutreffen und mit ihnen auf die alten Zeiten zu saufen, sind wegen der großen Konkurrenz zu krassen Fließband-Spektakeln geworden. Also lieber auf die kleineren Messen in die Provinz gehen? Auch das hat einen Haken. In ländlichen Gegenden sind Conventions ein bisschen wie Heuschreckenschwärme. 300 wilde Tiere fallen in eine Kleinstadt ein, saufen und fressen alles weg, was es zu holen gibt, und ziehen weiter. Wenn sich das nur im wörtlichen Sinne auf Bier und Bockwurst beziehen würde, könnte man sagen: »Super, das kurbelt die Wirtschaft an.« Ich beziehe es aber vielmehr auf die Landschaft der Tattoo-Kunden. Denn leider haben Kleinstadt-Conventions den Nebeneffekt, dass sie den örtlichen Tätowierern für die nächsten paar Monate die Arbeit wegnehmen. Wenn in einer 200 000-Einwohner-Stadt alle Tätowier-Willigen in die örtliche Mehrzweckhalle strömen, um sich an einem Wochenende von 300 Tätowierern aus aller Welt bedienen zu lassen, ist der Bedarf, der normalerweise die Auftragsbücher von ein paar Wochen füllt, mal eben innerhalb von drei Tagen gedeckt.

Wenn man dieses Hintergrundwissen auf die Frage vom Anfang bezieht, erklärt sich die Befremdung, die gerade Erstbesucher von Tattoo-Conventions empfinden. Da kreuzt sich die Faszination für die geile Kunst und die abgefahrenen Leute, die man zu sehen bekommt, mit einem seltsamen Gefühl von Massenabfertigung. So war es zumindest bei mir, als ich in den Neunzigerjahren auf meine erste Convention gestapft bin und mir in einer

Mischung aus Pflichtgefühl und Ratlosigkeit von einem verkaterten Tattoo-Nomaden ein eher mäßiges Souvenir auf das Bein habe setzen lassen, das später mein Sammelbein wurde. Nicht weiter schlimm, aber ich hätte es mir vielleicht gespart, wenn ich damals schon die zehn Überlebenstipps zur Hand gehabt hätte, die ich heute als meine persönliche Black & White List für Conventions bezeichne. Los geht's!

WHITE LIST

Zeigen und Gucken!

Exhibitionisten kommen auf Tattoo-Conventions ebenso auf ihre Kosten wie Voyeure. Jeder, der gerne schöne, großflächig tätowierte, bunte Menschen anguckt, hat hier die Lizenz zum Glotzen. Es sind ja genug Exhibitionisten vor Ort, die nichts anderes wollen, als angeguckt zu werden. Eine Win-win-Situation, bei der man nebenbei Ideen für neue Tattoos entwickeln kann.

Zuschlagen

Zu Tattoo-Conventions kommen Tätowierer aus aller Welt. Sie sind also *die* Gelegenheit, von Künstlern tätowiert zu werden, in deren Heimstadt oder -land man vielleicht nie selbst reisen würde. Also: Wer Tattoo-Idole hat, soll sich vorher schlaumachen, wer wann wo ist und rechtzeitig übers Internet einen Termin vereinbaren. Vor Ort sind gerade gefragte Künstler meist ausgebucht.

Sammeln

Jeder, der sich für das Thema Tattoos interessiert und Informationen über Arbeitsweisen, Stile, Künstler oder die Tattoo-Subkultur sammeln will, sollte bei Conventions die Augen offen halten und hamstern, was das Zeug hält. Neben jeder Art von visuellen Eindrücken, stößt man hier auch auf Modemarken, Schmuckhersteller oder Verlage, deren Angebote direkt aus der Szene kommen.

Kontaktbörse

Wo viele interessante Leute sind, kann man auch viele interessante Leute kennenlernen. Zu welchem Zweck auch immer. Der eine macht auf der Convention das Vögelgeschoss für die Nacht seines Lebens klar, der andere findet seinen nächsten Stammtätowierer, der Dritte gründet mit ein paar neuen Bekannten einen Klub für Convention-Hopper, und die Vierte wird von einem Fotografen als Tattoo-Model entdeckt. Wer sich auch mit etwas weniger lebensverändernder Power zufriedengibt, freut sich vielleicht auch einfach, wenn er ein Selfie mit Ingo Kantorek, Judith van Hel oder mir schießen und es bei Facebook posten kann. Was ich aber eigentlich sagen wollte: Redet miteinander, Leute! Vom Stumm-in-der-Ecke-Stehen-und-hübsch-Aussehen ist noch keiner in den Tattoo-Himmel gekommen.

Feiern

Showbühne, Bockwurststand, Aftershow-Party – bei aller Geschäftigkeit sollte man nie vergessen, dass »Convention« auch so was wie »Versammlung« bedeutet. Als Zusammenkunft von Tätowierern und ihren Kunden waren diese Veranstaltungen mal gedacht, und als solche sollte man sie auch behandeln. Hier feiert die Tattoo-Szene sich selbst. Wenn du also schon da bist, dann feiere mit!

BLACK LIST

Distanzlosigkeit

Die Freizügigkeit, mit der viele Besucher von Tattoo-Conventions ihre gesammelten Werke präsentieren, heißt nicht, dass sie angetoucht werden wollen. Genauso wenig bedeutet die zumeist offene Studiosituation, bei der man Tätowierern über den Standtisch bei der Arbeit zusehen kann, dass man sie währenddessen von der Seite anlabern sollte. Also bitte nicht im Überschwang die gute Erziehung vergessen. Heißt im Klartext: Bevor du Fotos von und mit Leuten machst oder sonstige Interaktionen anstrebst, frag vorher höflich, ob es okay ist.

Schnellschüsse

Die Standmiete auf einer Convention ist billiger als die Unterhaltung eines eigenen Ladens. Das hat zur Folge, dass auf Messen manchmal verlockend niedrige Preise angeboten werden, die zu Schnellschüssen verleiten. Dennoch gilt auch hier: Billig sieht meist auch billig aus. Außerdem denk immer daran, dass nach einer Convention-Tätowierung in der Regel kein kostenloses Nachstechen möglich ist. Wenn dir in der aufgeheizten Atmosphäre trotzdem die Haut juckt, dann mach dir was Kleines, ohne allzu viel davon zu erwarten. Wirklich gute Tätowierer sind eh ausgebucht.

Übertriebene Ehrfurcht

Beim ersten Besuch kann das Volk auf einer Convention ziemlich einschüchternd rüberkommen. Alle benehmen sich, als wären sie die geilsten Checker, Miezen und Models. Lass dich davon nicht verrückt machen. Sieh es als kleinen Zirkus, bei dem auch du zur Attraktion werden kannst, wenn du die Nase hoch genug trägst. Das beste Beispiel für das Hardcore-Gepose sind für mich die Preisverleihungen. Da werden großkotzig Preise für »Best Newcomer«, »Best of Spooky«, »Best of Madness« und so weiter verliehen, aber in der Jury sitzen oft Leute, die sich gar nicht richtig mit der Materie auseinandersetzen. Ich saß natürlich auch schon mal in einer. Einen Heidenrespekt hatte ich vor dieser Aufgabe, weil ich nicht sicher war, ob ich überhaupt qualifiziert war. Und dann saß ich am Tisch und hatte rechts neben mir einen Tattoo-Journalisten sitzen, der während der Punktevergabe die ganze Zeit übers Handy Fußball geguckt hat, links neben mir eine »Modemacherin«, die selbst nur Grotten auf dem Arm hatte, und vor mir eine Moderatorin, die dem zugeschwarteten Tattoo-Model auf der Bühne als Allererstes die Frage stellte, von welcher Firma ihr Bikini sei. Hat da jemand das Thema verfehlt? Könnte sein. Ich leite daraus ab, dass auch übertriebene Ehrfurcht vor dem Show-Zirkus Convention am Thema vorbeigeht.

Hygiene vergessen

In einem festen Tattoo-Studio herrschen im besten Fall sterile Arbeitsbedingungen. In einer riesigen Halle, in der Horden von Menschen bei jedem Schritt Staub aufwirbeln, und in deren Ecke Würste gegrillt werden, geht das nicht. Muss man sich von dem Kriterium »Hygiene« auf Conventions also verabschieden? Bitte nicht! Auch in einem offenen Raum kann man darauf achten, ob der Tätowierer mit eingeschweißten Nadeln arbeitet, ob er seinen Arbeitsplatz abklebt und mit abwischbaren Arbeitsflächen aus Fliesen, Glas oder Metall arbeitet. Bei Tätowierern aus dem Ausland hat mangelnde Hygiene manchmal auch einfach nur mit lockereren oder nicht vorhandenen Bestimmungen in ihrem Heimatland zu tun. Das Risiko einer Infektion steigt dadurch trotzdem.

No-go: Sonntag

Sorry, Kollegen, aber so viel Ehrlichkeit muss sein: Wir haben uns am Donnerstag auf der Warm-up-Party noch zusammengerissen und am Freitag im Hinblick auf den folgenden Großkampftag noch verhältnismäßig moderat gesoffen, aber wenn der Großkampftag erst mal bewältigt ist, gibt's kein Halten mehr. Da hauen sich die fleißigen Arbeitsbienchen den Helm weg, dass die Glocken läuten, und am nächsten Tag ist auch vom größten Künstler nur noch ein Schatten seiner selbst übrig. Ausnahmen bestätigen die Regel, trotzdem lautet meine Faustregel für Kunden: Wenn ihr euch auf einer Convention tätowieren lasst, dann bitte nie am Sonntag! Und wenn doch, dann guckt eurem Tätowierer vorm Anstich tief in die Augen und checkt, ob er schon wieder nüchtern ist!

22.

Generation Tattoo 3 – Blick in die Zukunft

Hier kommt er: Wahrsager-Krause. Auf die Frage, wie es mit der ganzen Tattoo-Geschichte weitergehen wird, habe ich zwei Antwort-Versionen. Die eine ist kurzfristig und erwartbar, die andere langfristig und unberechenbar.

Beginnen wir mit der ersten, für die es in meinem Laden eine Art Sinnbild gibt: Wir haben neben der Kasse ein Schild mit der Aufschrift »Diese Motive wurden in dieser Woche schon 50 Mal gestochen« hängen. Da sind die Feder drauf und das Unendlich-Zeichen und der ganze Kram. Wir haben das ursprünglich mal aufgehängt, weil wir es lustig fanden, und ein bisschen, um Leute davor zu bewahren, sich inflationär mit den Motiv-Rennern der Saison zuzupflastern, die jeder hat und die in einem Jahr wieder out sind. Das Ulkige war: Der Schuss ging voll nach hinten los. Statt als Abschreckung wird das Schild von vielen Kunden als Aufforderung missverstanden. Die sehen darin kein negatives Beispiel, sondern ein Trendbarometer und gucken sich mit erstaunlicher Dankbarkeit ihre Motive davon ab. Anfangs habe ich versucht gegenzusteuern, aber dabei kam ich mir irgendwann vor wie jemand, der die Pointe seiner eigenen Witze erst erklären muss, um sie verständlich zu machen. Von so was ist noch kein Witz besser geworden, deshalb füge ich mich dem Schicksal und werte die unerwartete Entwicklung als Zeichen dafür, wo der aktuelle Tattoo-Trend hinführt.

Mein Tipp: Die Zeit der großen Neuentdeckung und Umdefinierung von Tattoos ist vorbei. Der Markt hat sich neu erfunden und sortiert, das muss erst mal sacken. Es wird ab sofort die Stylo-Stuben geben, in denen die großen Künstler sitzen und auf hochpreisige Tattoo-Galeristen machen, und es wird die Mainstream-Läden geben, die den Massengeschmack bedienen, der sich rückwärts entwickeln wird. In spätestens zehn Jahren haben wir wieder Motivlisten im Schaufenster hängen, auf denen zwanzig verschiedene Klassiker zum Festpreis angeboten werden. Tattoos als Stangenware, wie es vor zwanzig Jahren auch war. Damals konnte ein Tattoo-Laden gar nicht existieren ohne Kataloge, Motiv-Ordner und die berühmten Flashsets hinter der Kasse. Dann ist all das nach und nach verschwunden, weil Tattoos von einer Subkultur zur Ausdrucksform des Individualisten-Zeitalters wurden. Doch seit dieses Zeitalter im Feuer des neuen Wir-Gefühls untergegangen ist, sehnt sich der Ottonormalkonsument wieder nach Einfachheit und berechenbaren Preisen. Ist ja auch bequem, wenn man im Schaufenster das Unendlich-Zeichen für 20, den Anker für 40 und die Feder für 60 Euro angeboten bekommt und nur noch in den Laden gehen und sagen muss: »Ich will das für 40!«

Dass es zur Aufwertung von Tattoos generell beiträgt, wage ich zu bezweifeln. Aber die wird der nächste Schritt wieder mit sich bringen. Die langfristige Variante, die nichts weniger beinhaltet als eine weitere Revolution der Branche. Man muss kein Visionär sein, um auf die Idee zu kommen, dass in naher Zukunft Tattoos möglich sein werden, die nicht endgültig sind und die keine Schmerzen mehr verursachen. Diese Entwicklung hat mit den Bio-Tattoos ihren zugegebenermaßen sehr unvollkommenen Anfang genommen, aber ich weiß, dass überall auf der Welt Forscher und Labore an einer zuverlässigen Technik arbeiten, die das Ziel hat, Tattoos zu unverbindlichen Lebensabschnittspartnern zu machen. Wenn dann auch noch eine schmerzfreie Stechmethode entwickelt wird, wird ein Ruck durch die Gesellschaft gehen, und Tattoos werden konsumiert werden wie Kaugummi und Haarfärbemittel. Die Position der Amateure wird in ein ganz neues Licht rücken, die Bedeutung der Hautbilder abnehmen und der Kommerz explodieren. Gleichzeitig werden die »alten« und »echten« Tattoos zu den Vinylschallplatten der Körperkunst werden und eine nie da gewesene Wertschätzung erfahren. Und ich werde mit ergrautem Zopf und kaum noch einer freien Stelle auf meinem Körper auf der kleinen fröhlichen Insel namens Classic Tattoo sitzen und von den alten Zeiten erzählen, in denen Tattoos noch »für immer« waren. Vermutlich ist es dann auch wieder Zeit für ein neues Buch. »Goodbye Ewigkeit« könnte es heißen: »Von der Kunst, vergessene Tätowierungen zu bewahren«. Klingt fast verlockend. Aber bis es so weit ist, achtet bitte darauf, dass eure Tattoos nicht allzu beschissen werden. Alle, die dieses Buch aufmerksam gelesen haben, sollten damit eigentlich kein Problem mehr haben. Ich düs' mal weiter Richtung Zukunft. Wir sehen uns!

Euer Krause